科学点亮童年

"浸润式"幼儿科学启蒙教育的"经典"模式

陈慧军 / 著

上海教育出版社
SHANGHAI EDUCATIONAL
PUBLISHING HOUSE

图书在版编目（CIP）数据

科学点亮童年："浸润式"幼儿科学启蒙教育的"经典"模式 / 陈慧军著. — 上海：上海教育出版社，2024.4
ISBN 978-7-5720-2576-1

Ⅰ.①科… Ⅱ.①陈… Ⅲ.①学前教育－科学教育学－研究 Ⅳ.①G610

中国国家版本馆CIP数据核字(2024)第067628号

责任编辑 刘美文
封面设计 周　亚

科学点亮童年："浸润式"幼儿科学启蒙教育的"经典"模式
陈慧军　著

出版发行　上海教育出版社有限公司
官　　网　www.seph.com.cn
地　　址　上海市闵行区号景路159弄C座
邮　　编　201101
印　　刷　昆山市亭林印刷有限责任公司
开　　本　700×1000　1/16　印张11.5
字　　数　200千字
版　　次　2024年5月第1版
印　　次　2024年5月第1次印刷
书　　号　ISBN 978-7-5720-2576-1/G·2270
定　　价　58.00元

如发现质量问题，读者可向本社调换　电话：021-64373213

PREFACE >> 序

张江经典幼儿园是地处浦东张江科学城的一所市级示范园，走进幼儿园，就能感受到学校在"科学点亮生活，童心共铸经典"的办园理念下，十七年持续聚焦幼儿科学启蒙教育，深耕实践，扎实探索的点点滴滴：自主而开放的环境、丰富而多元的材料、积极而能动的儿童、专业而投入的教师，无不在向我们传递着幼儿园扎根实践研究的思考和行动。如今，幼儿园基于实践探索的成果《科学点亮童年：浸润式幼儿科学启蒙教育的"经典"模式》一书得以出版，确实可喜可贺。

在我看来，张江经典幼儿园的科学启蒙教育实践体现了一些值得我们共同思考和着力探索的特点，一方面可以让我们回到科学教育在早期启蒙中如何定位的价值思考，另一方面也为我们探索如何在新时代背景下推进幼儿早期科学教育实践带来启示。

一、基于"儿童立场"的科学启蒙

从儿童早期的学习与发展来看，"科学"具有其自身的学科和领域属性，科学知识和经验相对而言更凸显出抽象性、概括性、关系性的特质，这对于儿童心理和年龄发展所体现出的直觉行动思维、具体形象思维而言往往会带来认知上的挑战，也正是因此，《3—6岁儿童学习与发展指南》明确提出了这一年龄阶段科学启蒙教育的基本原则是"直接感知、实际操作、亲身体验",这十二个字让我们看到了早期科学启蒙教育应回归儿童本位,即基于儿童的立场思考早期科学启蒙教育如何适宜儿童的重要性、必要性。张江经典幼儿园的科学启蒙教育实践正是站在这样的一个基本价值定位和教育取向下展开的实践探索,相信"儿童是天生的科学家",大胆放手让他们自己去尝试,自主观察、发现、提问、动手、体验、表征,在孩子们关注和走进真实生活世界的自主探索中,在他们自己的真问题、真兴趣、真表达、真探究的行动中,赋予了早期科学启蒙教育的育人价值实现,即科学特质的早期奠基、人文精神的孕育培养和自主成长的赋能蓄力。

尤其值得肯定的是,在张江经典幼儿园早期科学启蒙教育的实践探索中,教师们在儿童观、学习观、课程观上的"儿童立场"。从书中所呈现的生动案例中可见,教师在课程实施中能自觉放弃成人的主观判断,悦纳儿童的行为表现;能顺应儿童的天性和兴趣,尊重儿童的意见和需求;能鼓励儿童主动提问与思考,欣赏并肯定儿童,帮助他们建立自信。

二、基于"环境浸润"的科学探索

如果说早期科学启蒙教育的价值定位是基于儿童立场,让儿童自主探究和经历的话,那如何创设能让儿童实现这一价值导向的课程环境就是一个接踵而来的重要命题。张江经典幼儿园的答案是"浸润式环境",她们提出了"浸于境,润于心,成就'经典'宝贝"的课程理念:"浸"是指直接感知、实际操作、亲身体验;"境"是指大自然情境、真实情境、问题情境;"润"是指情感滋润、实境浸润、反思丰润;"心"是指好奇心、探索心、自信心。在此,教师为儿童提供了丰富而多元的可探索环境,创设"物和""人和"的环境,从场境、墙境、道境、室境来打造浸润式科学启蒙环境,在儿童经过的场所,如厅道、廊道、梯道、操场、林地、沙地和种植园等,布置和浸润科学学习的内容;利用园内各种墙面,将其变成幼儿园的"隐形课程",让儿童在不知不觉中耳濡目染,营造温馨自然的、鼓励探究与思考的探索环境。

正是"浸润式环境"为课程的育人价值找到了得以实现的有效载体，也让儿童的自主科学探索得以实现。

三、基于"资源共构"的科学天地

近年来，伴随着学前教育事业的快速发展，其聚焦学前教育内涵质量提升的大背景是2023年初颁布的教育部等十三个部门《关于健全学校家庭社会协同育人机制的意见》，更为幼儿园的家园社共育及课程建设提出了新的要求和方向。张江经典幼儿园立足自己的课程基础，在积极适应新形势、新任务的过程中，以资源共建为突破点，打造没有围墙的学校，与社区资源充分联动，积极探索让社区资源转化为幼儿课程内容的有效路径，同时也为科学启蒙教育开辟了更为广阔的天地，使资源成为更课程化、体系化、可视化的存在。一方面，幼儿园把社区作为社会大环境中与幼儿园关系最密切、对幼儿影响最大的一部分，每学期带幼儿到诸如上海集成电路科技馆、中医药大学百草园、超级计算中心、动漫馆、环东生态园等实践基地参观体验，同时，也定期把社区资源引入幼儿园，比如弗徕威机器人、空气化工、昆虫馆等，让幼儿走进更浩瀚广袤的科学天地，感受现代科技的神奇魅力；另一方面，积极拓展家园共育的内容和路径，和家长共同编写"家庭科学启蒙教育课程"，把课程实施向家庭延伸，在与家庭深度的协作共进关系中，让孩子浸润在科学的时空天地感知、体验和学习。

综上，张江经典幼儿园的早期科学教育实践探索在理念先行、环境打造、资源开发、师幼关系等方面积累了不少有益的经验，衷心希望幼儿园能持续深耕这一专题，进一步探索当下信息化、智能化、现代化教育背景下的可持续发展之路，期待未来可以有新的成果和实践与同道们分享。

黄　瑾

（华东师范大学）

2024 年 1 月 21 日

浸润式幼儿科学启蒙教育的十七年探索之路

2006年，当时张江科学城还叫张江高科技园区，已聚集了大量科技人才，却没有一所市级幼儿园。2006年9月，张江经典幼儿园创办，作为浦东新区委托管理模式辐射优质教育资源的试点，作为冰厂田教育管理中心首家委托管理的幼儿园，张江经典幼儿园自建园起就有着高起点，并明确了发展的目标，短期目标是三年之内要争创"上海市一级幼儿园"，长期目标则是要成为引领张江学前教育发展、体现张江地域特色的学前教育标杆幼儿园。

时光荏苒，张江经典幼儿园建园至今已经十七年了。如今，张江高科技园区已发展为张江科学城，张江经典幼儿园也发展为一所一园四址的幼儿园，由经典、盛夏、古桐、晨晖四个园区组成：2006年开办经典园区；2012年开办盛夏园区；2013年合并原张江幼儿园，开办古桐园区；2019年接收原英桥校舍，开办晨晖园区。四园区均位于张江科学城核心区域。这些年来，张江经典幼儿园受到党和社会的高度关注与认可。2008年获评"上海市一级幼儿园"，2010年作为上海市学前教育发展的代表接受了时任国务院副总理刘延东一行的视察，2016年获评"浦东新区示范园"，2023年获评"上海市示范性幼儿园"。

张江经典幼儿园四个园区均位于张江高科技园区，拥有得天独厚的张江地域科学教育资源：一有丰富的科普资源，园区内有国家留学人员创业园、国家软件产业及出口基地、国家微电子产业基地、国家文化产业示范基地等11个国家级基地；二有开展科学启蒙教育的基地资源，以及许多在国内甚至国际都处于前沿的科学教育资源，如动漫城、大飞机、集成电路等；三有开展科学教育的文化资源，如张江中医药文化节、张江科技节等，能为开展科学启蒙教育提供浓厚的文化氛围；四有优质的家庭资源。我们不禁思考：如何有效整合社会教育资源，构建富有特色的幼儿园科学启蒙课程？如何在课程建设过程中推进教师与幼儿的发展？

十七年的成长之路也是张江经典幼儿园浸润式幼儿科学启蒙教育的研究之路。张江经典幼儿园科学启蒙教育的目标是"在幼儿心中埋下一颗爱生活、爱科学、爱张江的种子"。我们提出"浸·润"课程理念：浸于境，润于心，成就"经典"宝贝。我们融合基础与特色课程，努力做到：**一是课程内容的浸润，构建课程内容与幼儿生活的衔接**，促进幼儿全面发展；**二是教育方式的浸润，挖掘地域资源，连接家庭、幼儿园、社会，打造浸润式教育环境，营造宽松的教育氛围，以"润物细无声"的方式让幼儿在成人的陪伴与接纳中逐渐积累知识、主动学习，实现自我成长。**

我们以课题研究为切入口，充分发挥家长、社区、幼儿园的优势，建设富有地域特色的幼儿科学启蒙探究课程。从《**依托地域优势，开展幼儿科学启蒙教育的实践与研究**》到《**依托张江科探基地，开展幼儿浸润式科学启蒙活动的研究**》，一系列课题研究始终围绕着"幼儿科学启蒙教育"不断持续、深入地开展，经历以下三个阶段：

一、开启：注重地域资源的运用，孕育"小小科学家"（2007—2015）

2007年起，张江经典幼儿园确立了以科学启蒙教育为园本特色，申报了区级课题《依托张江地域优势，开展幼儿科学启蒙教育的实践与研究》《建设张江"大家庭式"幼儿科学启蒙课程的实践与研究》及市级家教课题《有效利用家长资源，在家庭中开展幼儿科学启蒙教育的研究》等。张江经典幼儿园从周围的环境与资源出发，尤其注重利用张江地域科学教育资源来建构特色课程内容，譬如借张江科学教育资源设计一系列科学教育主题，如"中医药""动漫城""现代农业""集成电路"等，引发幼儿对周围的自然与社会环境感兴趣，借助实践基地参观等活动方式让幼儿有更直观的体验。凭借在活动中获得的经验，幼儿园形成了"爱张江、爱科学"幼儿科学启蒙特色课程，该课程入选市教委首批百门"中国系列课程"。在开展科学探索的过程中，教师注重激发幼儿的好奇心和求知欲，鼓励幼儿提出问题、探索答案、尝试解决问题，为幼儿创造更多体验和实践的机会以促进其全面发展，全面推动幼儿喜尝试、善发现、勤思考、爱求异、肯坚持等科学特质的发展，使其在探究中成长，孕育张江的小小"科学家"。

二、深研：注重"浸润"，重科学特质、人文精神、自我成长，家庭、幼儿园、社区无缝连接（2016—2020）

2016 年，张江经典幼儿园建园十年，经历了六次市级评估、两次区级督导，每一次评估反馈中，专家对张江经典幼儿园幼儿的科学探究能力都给予了高度的评价。**此时，我们不禁思考：科学启蒙教育对孩子一生的意义究竟是什么？如果我是一名幼儿家长，我期望孩子未来成为怎样的人？我们应该培养怎样的人？**

第一，我们的孩子**要富有"科学特质"**。科学素养是成为促进社会和谐发展的高素质国民的重要基础，是个人发展核心素养的关键成分。培养科学素养除了要掌握一些科学知识和技能、科学方法和能力、科学的行为和习惯，更重要的是要培养科学的思维。自 21 世纪伊始，众多西方发达国家和国际组织纷纷提出了各自的核心素养框架。其中，欧盟终身学习核心素养的共同框架提出了**批判性思维、创造性、首创性、问题解决、风险评估、决策、建设性情绪管理**等七个跨学科素养（European Commission，2012）。美国 21 世纪技能联盟提出 21 世纪学生学习结果及其支持系统，主张学生应该具备成功适应新型世界经济的 4 个 "C"，即**创造性**、**批判性思维**、**沟通交流和团队协作**。澳大利亚、芬兰、葡萄牙、新加坡、英国和美国等 6 个国家的 21 世纪技能教学和评价项目都强调 4 个 "C" 的重要性，凸显了全球化和数字化时代对公民素养的共同要求。这些就是我们科学启蒙教育所追求的科学素养的培养。现在查询知识并不难，但科学不仅是知识，更是认识世界的一套思维方式。未来唯有思维有价值，因此，科学教育除了要帮助受教育者学习、传承人类文明的精华，更重要的是优化他们的思维，使其具有辨别力，成为生活中的智者。

第二，我们的孩子**要富有"人文精神"**，要成为一个有爱的人，热爱生活、热爱科学，养成科学态度和精神。我们应着眼于幼儿一生发展，以科学启蒙为切入点，尊重幼儿的天性，满足幼儿的需求，发现幼儿的兴趣，最终使其成为热爱生活并始终对世界充满好奇、保有探究欲望的人。大部分孩子今后并不一定从事有关科学的职业，但在幼儿阶段已经形成的对科学的理解、探索能力，从科学探究中获得的快乐将使其对科学保持终生的热爱，这样的人一生将是幸福、充实的。同时，科学启蒙也将初步形成责任意识、问题意识、合作意识，培养坚持实事求是、勇于承认错误的科学精神。

第三，我们的孩子**要拥有"自我成长"能力**。人生最终的目标在于认识自我和发展自我。在科学探索过程中帮助、引导幼儿认识自我、了解自我、接受自我和发展自我，引导幼儿在自主探究过程中始终保持对外界现象强烈的探究愿望，对自我力量、潜能的了解和发掘，养成强烈的自信和毅力，这些过程就是幼儿"自我成长"的过程。幼儿"自我成长"突出了幼儿在科学探索过程中的主体地位，突出了幼儿的自我价值，突出了幼儿内在生发的发展潜力，突出了对幼儿自我成长意识与能力的培养，对其一生的发展具有重要意义。

《幼儿园教育指导纲要》《上海市学前教育课程指南》中都强调了培养幼儿科学素养、探究能力和关爱自然的科学情感的重要性。因此，切实提高幼儿科学素养是时代发展的需要，更是学前教育研究的一项重要任务。

此阶段张江经典幼儿园科学启蒙教育从关注资源利用促发展逐渐转向儿

童核心素养的培养。我们借助区级课题《"浸润式教育"视野下幼儿科学素养培养的实践与研究》来深研幼儿科学启蒙教育，通过整体环境和课程的打造、氛围的营造、活动内容的设置、对幼儿探究过程和探究行为的观察分析以及教师支持行为的跟进等切实推动幼儿科学素养的发展，注重将幼儿科学素养的培养植根于幼儿的日常生活之中，置于"浸润式教育"视野下进行，切实推动幼儿科学素养的发展。

我们注重环境浸润。通过创设"物和""人和"的环境，如场境、墙境、道境、室境来打造浸润式科学启蒙环境，在儿童经过的场所，如厅道、廊道、梯道、操场、林地、沙地和种植园等处布置科学学习的内容。将园内各种墙面变成幼儿园的"隐形课堂"，营造温馨自然、鼓励探究的探索环境。墙面主题有"我的'天空花园'我做主""最爱吃的当季蔬菜选一选""我和城市""我和未来""孩子的100种模样""了不起的科学家""科学长廊""智能家居体验馆"等。

我们探索活动浸润。我们所开展的活动包括校园科学活动：教室活动、楼道活动、场园活动，校内专题活动：科学月活动、STEM活动，校外科学活动：社区活动、馆所活动、厂企活动。社区是社会大环境中与幼儿园关系最密切、对幼儿影响最大的场所，我们每学期两次带幼儿到实践基地参观体验，上海展讯集成电路科技馆、中医药大学百草园、超级计算中心、动漫馆、环东生态园实践基地都留下了张江经典幼儿园幼儿的足迹，实践探秘让幼儿走近科学、开拓视野，感受到了现代科技的神奇魅力，了解了张江的领先科技……这些社区资源使张江经典幼儿园的浸润式科学启蒙教育变得更生动、更富有时代气息。张江经典幼儿园还定期引入社区资源，比如弗莱威机器人、空气化工、昆虫馆等。

同时，张江经典幼儿园也努力营造"家"的氛围，注重与家庭之间建立紧密的合作关系，共同育人，挖掘社区资源为儿童提供全面而多元的学习机会。我们和家长共同编写了"家庭科学启蒙教育课程"，把课程实施延伸到社区与家庭，让幼儿浸润在科学的氛围中。

三、坚守：关注儿童视角，链接幼儿生活，引发深度学习（2021—至今）

1. 基于幼儿视角的科学启蒙让幼儿更主动探索

在开展幼儿科学启蒙的过程中，教师不断感受到幼儿是天生的"科学家"，因为他们有着强烈的好奇心与探索欲。因此，教师常常会陷入两难：一方面，我们觉得幼儿是有研究能力的，应该大胆放手让他们去探索；另一方面，我们又担心过于放手会使教师的引领和推动作用难以体现、教育目标难以实现。针对科学探究课程开展过程中遇到的"瓶颈"和问题，我们开始以幼儿视角的理念为指引，既认同幼儿有自己观察、认识、感受、理解、体验、处理周围世界的角度和方式，又尝试在幼儿探索科学的过程中不断地走近他们、倾听他们，与他们对话，去发现、了解他们眼中的科学并给予回应与支持，努力让幼儿科学探索更主动、更充满兴趣。

关注幼儿在生活中遇到的真问题。幼儿视角不是无中生有的，而是来自生活的，生活才是幼儿视角的源头活水。有些成人可能习以为常的问题，却能引发幼儿的探索，我们不仅要善于发现这些问题的价值，更要发现并厘清问题涉及内容的关系，这样才能体现教师对幼儿科学探索的引领和推动，以儿童的视角去开展实践。

关注幼儿在生活中的真兴趣。教师不仅要倾听、理解、接受儿童内心的感受和建议，因儿童的需要而改变教育方式，更要做幼儿探索的支持者，做一个善于和孩子"对话"的教师，明白在围绕目标探索的过程中需要突破的关键，在"对话"中充分与幼儿互动，带领幼儿不断创造、发现，享受探索带来的快乐，获得成功的喜悦。

关注幼儿的真实体验。真实的经历才能促进幼儿真实地成长。教师要耐心等待幼儿自己解决遇到的科学问题，鼓励和支持幼儿坚持自己的主张而亲历探究过程。

2. "浸润式自然探索"，让儿童主动浸润、深度学习

此阶段我们提出新课题《依托张江科探基地，开展幼儿浸润式科学启蒙活动的研究》，进一步突破原有教学方式，带幼儿走出教室、走进社会，扩大

幼儿学习的场域，创设与幼儿生活相融合的环境，给予幼儿更多真体验。

我们进一步思考"浸润"对幼儿发展的价值，我们相信幼儿是有能力的学习者，当幼儿沉浸在一个场景中时，他们就开始有了属于自己的学习，这种学习是自然而然地发生的。**我们重新梳理、诠释了课程理念：**"浸"于境，"润"于心，成就"经典"宝贝。"浸"即直接感知、实际操作、亲身体验"境"，即大自然情境、真实情境、问题情境，"润"即情感滋润、实境浸润、反思丰润，"心"即好奇心、探索心、自信心。教师应具有幼儿立场，即放弃成人的主观判断，悦纳幼儿的行为表现；应顺应幼儿的天性和兴趣，尊重幼儿的意见和需求；应促使幼儿主动实践与思考，欣赏并肯定幼儿，帮助他们建立起自信。

张江经典幼儿园在园内创设了安全、丰富、自然、开放、能体验、能探索的"科农基地"，给予幼儿环境创设的参与权和选择权。我们期望能最大限度地支持和满足幼儿通过直接感知、实际操作和亲身体验获取经验的需要，因此，教师与家长携手打造并优化安全、丰富、自然、开放、能体验、能探索的成长空间。我们期望能以幼儿为探究的主体，因此给予幼儿环境创设的参与权、选择权、决策权。在教师热忱接纳、积极陪伴、认真聆听、充满期待、正面激励的情感滋润下，幼儿沉浸在科学探索之中，主动与环境互动。教师也在反思中不断丰富、完善教学经验，促进幼儿的发展。

我们着力彰显学习主体，促进幼儿全身心投入科学探索。探索的主体是幼儿，幼儿对活动有决策权和选择权。活动是基于幼儿内部动机和内在的兴趣的，幼儿就能不断克服困难、自我调节。幼儿园的"芦丁鸡出逃记""香瓜子种植""泥土分类"等课程都体现了对儿童深度学习的促进。

我们打造沉浸式探索过程，引发幼儿主动学习。当孩子通过直接感知、实际操作、亲身体验沉浸在"科农"基地中，便会产生很多问题，这些问题将转化成一个个项目化的学习与研究课题，引发幼儿主动学习，在真实情境中去解决真实问题。培养幼儿运用已有经验知识去批评、反思、整合、建构到最后解决问题的能力，指向孩子的高阶思维的发展。

"科农基地"，经典儿童的探索乐园

张江经典幼儿园尽可能挖掘每一寸土地与空间，根据园区特点开辟"科农基地"探索区域，诞生了由师幼共同设计并命名的"科农基地"：盛夏部的"盛夏农庄"、古桐部的"秘密花园"、经典部的"天空花园"、晨晖部的"一米菜园"。每一个花园或农庄和而不同、各具特色：统一的暖房、沙水与自然物，不同的主题、活动与材料充分满足幼儿探索活动的需要。幼儿在"科农基地"活动中参与种植的参差不齐的油菜花、自制的测量种植物的小尺、涂鸦的前阅读表征的符号等等都呈现了探索的乐趣与价值，体现了教师的支持、孩子的自主，凸显了"儿童视角"。

"课程故事"，师生共建的课程环境

张江经典幼儿园尽可能利用每一处环境与空间，根据班本特点打造师生共建的课程环境。各班均有符合幼儿当前需要的班本探索主题或内容。墙面呈现出幼儿参与探索的痕迹，如"今日不一样""我们一起来解决"等反映幼儿提问、讨论、达成共识的自主表征的"课程故事"。自然角中幼儿主动参与养护动植物，"芦丁鸡出逃记"等图画式故事、"香瓜子种植""泥土分类"等材料或内容呈现出师生共建的"课程故事"。教师撰写的"小马哥种花生""嗨，泡泡果""魔法'驱蚊水'""走进菜园教室，把探究变成一段温暖的旅程"等案例体现了教师的幼儿视角，体现了师生共建课程的意义与价值。

"回归生活"，课程设计的儿童视角

张江经典幼儿园尽可能关注每一个学段与幼儿，根据幼儿需求设计了"四大板块"的课程活动，生活活动中，"美食评论家""时间管理"等内容来源于幼儿的问题，又回归于幼儿的生活；户外游戏与户外学习中大带小共同参与"柔活"；运动中幼儿自主构建运动环境；学习中设计探索性活动内容，使幼儿在体验与实践中积累生活经验。教师在课程设计时呈现了"儿童视角"，有助于幼儿习惯养成好、自理能力强、乐于交往与表达、自主自信体现、科学探索能力表现突出，彰显了"浸润式自然探索"的价值。

我们深入挖掘周边的教育资源，带幼儿走进张江科探基地、张江中小幼

科探基地，让幼儿通过直接感知、亲身体验、实际操作学习科学。教学从幼儿生活中所遇到的科学问题入手，利用幼儿已有的日常科学概念或经验，通过解决生活中的具体问题让幼儿学习科学、理解科学，并逐步领悟科学知识对于生活的意义。

十七年的浸润式幼儿科学启蒙教育探索之路并非一帆风顺，迷茫有时，挫败有时，但幼儿的蓬勃成长、教师的全心投入、家长与社区的无私奉献都在关键时刻为我们注入探索的勇气和力量。"路漫漫其修远兮，吾将上下而求索"，我们将继续探求幼儿科学启蒙教育的真义，在实践中求创新，在发展中求突破！

陈慧军

（张江经典幼儿园园长、党支部书记）

2024 年 4 月

目　录

浸润式幼儿科学启蒙教育
为幼儿终身发展奠基

第一节　幼儿科学启蒙教育的新时代需求

随着社会的进步与科学水平的不断提高，人们的生活已与日新月异的科学技术融为一体。科学为人们创造了更好的生活，相应地，社会对科学型人才的需求也越来越高，在学前阶段的幼儿教育上表现为对幼儿科学启蒙教育的重视度越来越高。聚焦幼儿科学启蒙教育的发展路径，不难发现，从 20 世纪 80 年代末由国外引进这一概念，到进入 21 世纪后这一概念内涵的不断丰富，幼儿科学启蒙教育主要呈现出几个不同阶段的时代特点。

一、20 世纪 80 年代末：科学启蒙教育从娃娃抓起

通过梳理相关文献发现，以美国、英国为代表的发达国家早在 20 世纪 80 年代就开始大力发展幼儿科学启蒙教育，重视幼儿科学探究能力的发展、科学情感态度培养和科学经验形成的有机结合[①]，而我国于 20 世纪 80 年代末才引入"幼儿科学启蒙教育"的理念。

对于"幼儿科学启蒙教育"这一舶来品，当时国内的学者主要是对其概念、可行性和重要性等进行了理念层面的梳理，比如以幼儿科学领域专家——北京师范大学教育系曹琴华副教授为代表的学者们旗帜鲜明地提出"科学启蒙教育可以从幼儿开始"，因为幼儿期人脑的发育日趋成熟，独立活动的能力和初步的口头语言习得等为幼儿接受科学启蒙教育创造了生理基础

---

① 李月娣.幼儿科学启蒙教育问题探讨［J］.吕梁教育学院学报，2010，27（1）：21—23.

和有利条件。同时，学者们进一步明确提出开展幼儿科学启蒙教育的目的，即根据党的教育方针，对幼儿进行德、智、体、美全面发展的教育，培养幼儿对科学的兴趣、爱好和求知欲，而不是向幼儿传授系统的科学理论知识，讲解抽象的科学名词、术语、定义和深奥的科学原理①。由此，幼儿科学启蒙教育日益受到国内学者和实践者们的重视，并成为我国幼儿教育的改革热点之一。

二、进入 21 世纪后：逐步重视幼儿科学素养培育

随着国内学者关于幼儿科学启蒙教育研究的逐渐深入，越来越多的学者强调幼儿科学启蒙的内涵不仅是知识启蒙，还应包括兴趣和态度的启蒙，不应该将幼儿科学启蒙片面、简单地理解为向幼儿灌输粗浅的科学知识，甚至只是让他们读些科普画册、回答他们日常提出的科学问题②。

与此同时，内容涉及幼儿科学启蒙的国家政策也相继出台，比如《幼儿园教育指导纲要（试行）》（2001 年 7 月颁布）对幼儿科学启蒙教育进行了明确定位，即"幼儿的科学教育是科学启蒙教育"，其目标是"激发幼儿的好奇心和探究欲望，发展认识能力"。《3—6 岁儿童学习与发展指南》（2012 年 10 月颁布）则在此基础上梳理和明确了幼儿科学启蒙教育的目标，即"激发探究兴趣，体验探究过程，发展初步的探究能力"，并强调成人要"善于发现和保护幼儿的好奇心，充分利用自然和实际生活机会，引导幼儿通过观察、比较、操作、实验等方法，学习发现问题、分析问题和解决问题；帮助幼儿不断积累经验，并运用于新的学习活动，形成受益终身的学习态度和能力。"在此基础上，2021 年颁布的《中国儿童发展纲要（2021—2030）》则进一步强调幼儿科学启蒙教育的重要性，强调通过"开展学前科学启蒙教育，提高科学教育质量""培养儿童的创新精神和实践能力，鼓励有创新潜质的学生个性

① 曹琴华.科学启蒙教育可以从幼儿开始［J］.幼儿教育，1983（5）：14—15.
② 张俊.谈幼儿科学启蒙教育［J］.早期教育，1998（1）：11.

化发展"等。

由此，相较于 20 世纪 80 年代末刚提出的"幼儿科学启蒙"这一概念，新时代背景下的幼儿科学启蒙的内涵、目标有了更为丰富和科学化的界定。换而言之，在全民关注科学素养及创新能力培养的时代背景下，幼儿科学启蒙体现出了新时代的需求，即关注幼儿科学素养的培育，以培养幼儿的科学素养为出发点和归宿点，其目标的确立要符合幼儿身心发展的规律，结合学前教育阶段科学学科的特点，激发幼儿科学兴趣，支持幼儿体验探究过程，培养幼儿初步的科学探索能力，满足社会发展的需要。

三、科技信息时代：幼儿科学启蒙是科教兴国的必然选择

随着幼儿科学启蒙教育发展现状研究的不断深入，加之国家政策法规的大力提倡，幼儿科学启蒙教育的重要性逐渐被高度认同。幼儿科学启蒙教育成为科技时代背景下的应然选择，更是推动幼儿当下乃至一生的发展的必然之举。

在人类已经步入科技时代的当下，日新月异的科学发现和技术文明对社会产生的深刻影响正逐渐被人们所认同，而科学教育作为培养科技人才和提高公民科学素养的重要手段也日益受到重视[1]。习近平总书记在党的二十大报告中指出，"教育、科技、人才是全面建设社会主义现代化国家的基础性、战略性支撑"，这一重要论断阐释了新时代实施科教兴国战略、强化现代化建设人才支撑的重大战略意义，明确了建设教育强国、科技强国、人才强国的出发点。幼儿教育是培养未来人才的起点，也是为人才后续教育和发展奠定基础的阶段。因此，在日益重视未来科技人才培养的今天，科学启蒙教育对幼儿的发展乃至未来国家科技人才的培养、提高全民科学素养等都有着举足轻重的奠基作用。

---

[1] 吕亚梅. 活教育理论指导下的幼儿科学启蒙教育 [J]. 学前课程研究，2009（11）：26—28.

学龄前阶段的幼儿脑海里装满了"十万个为什么",对周围的世界充满好奇,他们善于想象、好动且又喜欢探索。对他们而言,科学并不遥远,认知、探索科学是他们每天都可能会去做的事情。因此,基于幼儿对未知事物持有的极大好奇心和探索欲,学前教育阶段是进行幼儿科学启蒙教育的"关键期",或者也可称之为"敏感期"。适宜、科学、有效的科学启蒙教育活动不仅可以引导幼儿"获得丰富的经验,充分发挥形象思维""逐步发展逻辑思维能力",在为其他领域的深入学习奠定基础的同时,也帮助幼儿不断"积累发现问题、解决问题和分析问题等的科学经验,进而运用到新的学习活动中,形成幼儿受益终身的学习态度和能力"①。换而言之,开展幼儿科学启蒙教育是培养幼儿科学兴趣、激发幼儿科学潜能、提升幼儿科学素养、推动幼儿当下乃至未来发展的必然之举。

第二节　幼儿科学启蒙教育的研究现状与问题

一、幼儿科学启蒙教育研究现状

幼儿科学启蒙教育的研究现状是幼儿科学启蒙教育的相关理论和实践探索的重中之重。按照教育发生场域的不同,幼儿科学启蒙教育又分为幼儿园科学启蒙教育和家庭中的幼儿科学启蒙教育。当然,鉴于家庭是幼儿园重要的教育伙伴,相关研究也会将两个场域同时置于"幼儿园科学启蒙教育"的背景下进行统一研究,即视家庭中的幼儿科学启蒙教育为幼儿园科学启蒙教育的重要部分,将前者置于后者的场域中进行统一研究。

---

① 中华人民共和国教育部.3—6岁儿童学习与发展指南［M］.北京:首都师范大学出版社,2012:10.

（一）幼儿园科学启蒙教育研究现状

1. 幼儿园科学启蒙教育原则的探析

基于对幼儿科学启蒙教育的相关政策性文件、理论基础和文献研究等进行综合梳理分析的基础上发现，关于幼儿园科学启蒙教育原则的探析不外乎以下四点：

第一，基于幼儿的兴趣。幼儿科学启蒙教育应当选择幼儿感兴趣的事物作为学习和探究的对象[①]。一方面，幼儿感兴趣的事物一定程度上是幼儿相对熟悉、了解的事物，也就意味着幼儿对此有着一定的经验，也就奠定了他们后续深度探究的基础。另一方面，"兴趣是最好的老师"，当幼儿对某一科学启蒙教育活动感兴趣时，能够更好地激发出主动探究的意愿，唤醒自主探索的内驱力。因此，教师应当善于发现幼儿感兴趣的事物和偶发事件中所隐含的科学启蒙教育价值，寻找到幼儿兴趣、已有经验水平和幼儿科学启蒙教育目标之间，以及个别幼儿兴趣和班级整体兴趣之间的结合点。

第二，贴近幼儿的生活。正如陶行知先生的生活教育理论所倡导的"生活即教育"，即教育的根本意义是生活之变化。生活无时不变，即生活无时不含有教育的意义。同样地，幼儿科学启蒙教育应密切联系幼儿的实际生活，关注幼儿所处的生活环境，基于幼儿已有的生活经验，符合幼儿身心发展的规律和思维特点。此外，相关实践研究也证明，以幼儿身边的科技——即看得见、摸得着、经历过、感觉得到的科技产品为教育内容既能使幼儿产生观察、认识生活的兴趣，又容易为幼儿所理解和掌握，从而保证幼儿科学启蒙教育的适宜性[②]。

第三，关注幼儿的探究。幼儿的科学学习是在探究具体事物和解决实际问题中尝试发现事物间的异同和联系的过程。换而言之，"探究"是幼儿科学

---

① 万迪人，王风野. 促进幼儿园科学教育深入开展的几点思考 [J]. 学前教育研究，2006（6）.

② 陈春阳，李晶，余丽，等. 幼儿科学启蒙教育的基本原则与途径 [J]. 学前教育研究，2008（4）：50—51 + 59.

学习的核心要义，而探究能力则是幼儿科学核心素养的重要组成部分。基于此，幼儿科学启蒙教育应关注幼儿的探究，具体包括关注幼儿的探究兴趣、探究习惯及探究能力等。幼年期是培养幼儿科学精神和科学思维方式的重要时期，面对幼儿提出的问题，要尽量让幼儿通过自己的探索获取信息和找到答案，而不是直接给幼儿提供答案①。

第四，渗透进日常（一日）生活。所谓"幼儿园一日生活皆课程"，通过各类室内外科学探索活动、个别化科学探索活动、幼儿科学启蒙专题活动以及幼儿科学启蒙教育环境的创设，将幼儿科学启蒙教育活动渗透于幼儿的一日生活之中，让幼儿通过一日生活的各个环节感受、了解、探究身边的科学现象②，在激发幼儿科学探究的意识和积极性的同时，引导幼儿了解科学与自身生活的密切关系，发现生活中的科学，感受生活中的科学，进而为创造生活中的科学奠定基础。

2. 幼儿园科学启蒙教育实施策略的探索

幼儿园作为幼儿科学启蒙教育的主阵地，相关幼儿科学启蒙教育实施策略的探索是幼儿园科学启蒙教育实践研究的重中之重，众多学者和一线教育者基于自身的研究提出了一系列相应的实施策略。通过梳理分析发现，这些策略主要集中在幼儿科学启蒙教育环境的创设、教师科学启蒙教育能力的提升、科学启蒙教育特色课程的研发及幼儿科学启蒙教育中的信息技术赋能等方面。

（1）创设幼儿科学启蒙教育环境

《幼儿园教育指导纲要（试行）》明确指出，"环境是重要的教育资源，应通过创设和有效利用环境影响幼儿"。聚焦幼儿科学启蒙教育视域下的环境创设主要体现在以下两点：一是物质环境的创设，包括室内外科学启蒙教育环境的创设，如常见的室内班级科学探索区、自然角等环境的创设，再如户

---

① 陈惠，孙佯. 引导幼儿在科学探索活动中学会探究［J］. 学前教育研究，2006（3）.
② 王晖. 幼儿科学启蒙教育园本课程的探索与实践——以"低碳农业"主题活动为例
［J］. 幼儿100（教师版），2022（5）：38—42.

外的大自然、大社会中的科学启蒙教育环境等。物质环境的创设应凸显符合幼儿年龄特点、季节特点以及便于幼儿自由拿取科学探索材料、利于幼儿自主探究等。二是自主、宽松的科学探索心理环境的创设。换而言之，通过和谐平等的师幼关系、互助式的同伴关系、支持式的亲子关系的建立和班级科学探索文化氛围的营造，为幼儿创设能够供其尽情地做、玩、说、问的科学探究环境①，给予其充分的自由活动与探索的空间和时间等。

（2）提升教师科学启蒙教育能力

教师作为幼儿科学启蒙教育的主力军，其科学启蒙教育的设计与实施能力直接影响着幼儿科学启蒙教育的质量。因此，有关教师科学启蒙教育能力提升的研究是历年来幼儿科学教育研究的重中之重。这里基于幼儿科学学习的核心，即"激发探究兴趣，体验探究过程，发展初步的探究能力"这三点展开探讨，相关论述如下。

第一，提供丰富的科学探究材料，激发幼儿的科学探究精神。南京师范大学副教授、南京市鹤琴幼儿园园长张俊在 1999 年撰写的《谈幼儿科学启蒙教育》一文中旗帜鲜明地提出，"提供让幼儿探索的材料，其意义往往远甚于向幼儿提供知识"。因此，对于教师而言，提供丰富、适切的科学探究材料，通过材料吸引幼儿去探究、引发幼儿提出问题、激发幼儿科学探究的兴趣是开展高质量的幼儿科学启蒙教育活动的重要前提，也是教师提升自身的科学启蒙教育能力的重要突破口。此外，提供丰富的材料还包括各类科学教育环境的创设、园本甚至是地域科学启蒙教育资源的挖掘和运用等。

第二，善于观察幼儿科学探究的过程，理解幼儿的科学学习方式。幼儿在日常生活中经常会产生一些对自然的探究行动，这正是幼儿学习科学的过程。正如《3—6 岁儿童学习与发展指南》中提到的，要"理解幼儿的学习方式和特点""最大限度地支持和满足幼儿通过直接感知、实际操作和亲身体验

---

① 肖菊红，周惠英. 让幼儿成为体验与发现的小主人——幼儿探究式科学启蒙教育的设计与实践的研究［J］.江苏教育研究，2011（2）：28—33.

获取经验的需求"。作为教师，应该学会并善于观察和了解幼儿的科学探究过程，理解幼儿的科学学习方式，并基于此为幼儿创造更符合其科学学习方式的材料、空间等。因此，提升教师的科学启蒙教育能力，其关键之一是使教师善于观察幼儿科学探究的过程，同时能够理解幼儿的科学学习方式。

第三，敏锐捕捉各类科学教育的契机，推动幼儿的深度科学探究。3—6岁幼儿有着极强的好奇心和探索欲，教师应敏锐捕捉幼儿园一日生活乃至大自然、大社会中的各类科学启蒙教育的契机，并以此作为点燃幼儿探究兴趣和探究欲的火苗。具体而言，当教师捕捉到幼儿对某一科学现象或事物好奇的瞬间，或者意识到某一事物或现象中蕴含的幼儿科学探索的可能性时，应基于班级幼儿现有发展水平、需求和兴趣等，通过师幼互动、尝试体验等一系列途径推动幼儿的深度探究。

当然，有关提升教师科学启蒙教育能力的具体论述远远不止以上三点，还包括通过"教培研"一体化提升教师科学启蒙教育活动乃至课程的设计力、组织力、实施力，以及提升教师自身的科学素养等。因此，如何提升教师的科学启蒙能力是未来幼儿科学启蒙教育理论和实践研究的重点。

（3）研发幼儿科学启蒙教育特色课程

随着幼儿科学启蒙教育实践研究的逐步深入，诸多一线教育工作者特别是管理者结合园所发展理念、地域特色等逐步研发出幼儿科学启蒙教育的特色课程，统整梳理主要发现有以下几类：①相关教育理论或理念的本土化、园本化特色启蒙课程的建构与实施，例如生活教育理论、生活教育理论背景下的园本幼儿科学启蒙课程，再如国外 STEM 教育理论、STS 教育理念在园本科学启蒙课程中的本土化运用；②以某一科学学科为主的特色科学启蒙课程，例如吉林师范大学化学学院与吉林师范大学附属幼儿园合作开展的针对学龄前儿童的化学知识启蒙系列课程[①]；③基于园本数年实践探索的特色科学

---

① 姚婵，孙淼，孙艳涛. 化学在幼儿科学启蒙课程中的应用研究——"魔法宝宝学堂"
系列课程初探 [J]. 山东化工，2020，49（17）：199，201.

启蒙课程或活动等，例如强调"重过程、重探究、重体验"的"去结果"式科学启蒙课程，以涂鸦图式、空间建构图式、故事书图式和问题求解图式为核心的图式工具为幼儿科学探究工具的园本"玩科学"特色课程等。

（4）信息技术赋能幼儿科学启蒙教育

近年来，随着人工智能、大数据、区块链等新一代数字技术的有效应用，信息技术赋能教育已成为新时代教育发展的必然趋势。同样地，实现幼儿科学教育启蒙中的技术赋能，也是新时代幼儿科学启蒙教育的必然要求。

第一，推动幼儿科学启蒙教育趣味化，激发幼儿科学探索兴趣。信息技术赋能背景下的幼儿科学启蒙教育内容可以以更加有趣、生动的形式呈现出来。例如，基于小班幼儿泛灵论的特点，赋予相应角色拟人化的特点，如在引导幼儿感受风、探索风的过程中设计风的动画形象、赋予风人的语言等，进而更好地激发幼儿科学探索的兴趣。再如，通过信息技术的加持，使得一些晦涩难懂的科学原理或现实中难以模拟尝试的科学现象通过动画演绎的形式，以幼儿能理解、感兴趣的形式呈现在幼儿面前，激发幼儿进一步探索的兴趣和欲望。

第二，实现幼儿科学启蒙教育丰富化，拓展幼儿科学探索经验。信息技术的发展和兴起实现了各种资源的分享和传播，无论课程资源，还是开展课程教育所需的资源都能通过网络进行分享和查询。信息技术为人们提供了广阔的资料平台[1]，从而进一步丰富了幼儿科学启蒙教育的内容，更利于开阔幼儿的视野，以及帮助幼儿积累科学探索经验。例如，当幼儿对自然植物产生兴趣时，无论是网络中的各类植物科学小实验、植物生长变化摄影，还是实地的自然博物馆、植物馆等都可以成为幼儿科学启蒙的教育资源。在虚拟的沉浸式学习空间中，虚实结合的立体知识情景，增强现实、网络虚拟现实等技术能为教师和幼儿的科学探究学习提供真实的生活化场景，在激发幼儿科

---

[1] 段玮. 信息技术在幼儿园大班科学教育启蒙中的应用研究 [D]. 长春：东北师范大学，2016.

学探究兴趣的同时，为幼儿提供直接感知、亲身体验和实际操作的机会，拓展幼儿相关的科学探究经验。

第三，提升幼儿科学启蒙教育便利化，发展幼儿科学思维。简而言之，相较于传统的科学启蒙教育活动，信息技术的加持能够让教学用具使用起来更加简易、便捷、科学。例如，利用信息技术中的绘图工具，在幼儿和教师手绘科学记录图式外，还可以运用图、文、音等不同符号进行叠加和建构，帮助幼儿和教师有效整理、分类、记忆、加工自己的经验和资源，进而实现思维从平面到立体可视化的转换①，发展幼儿的科学思维。

（二）家庭中的幼儿科学启蒙教育发展现状

家庭作为幼儿成长的第一场所，也是幼儿园重要的合作伙伴。幼儿科学启蒙教育活动要想更好地发挥其价值，在注重幼儿园场域内的幼儿科学启蒙教育的同时，也应该加强与家庭的联系，推动家园合力，聚焦家庭中的幼儿科学启蒙教育发展现状，主要体现在以下两点：

一方面，推动家长对幼儿科学启蒙教育的正确认识。家庭中的幼儿科学启蒙教育能为幼儿园中的幼儿科学启蒙教育提供经验基础和内容素材。因此，家长应提高在家庭中开展幼儿科学启蒙教育的意识，尊重并珍视幼儿的"十万个为什么"，鼓励和支持幼儿在家庭中基于自己的好奇心进行一定的探索。此外，相关研究发现，大部分家长认为家庭科学启蒙教育需要在固定的时间、地点进行，还要安排好固定的内容②。这意味着家长将家庭科学启蒙教育等同于科学教学，有违幼儿科学启蒙教育的原则，忽视了幼儿通过直接感知、亲身体验和实际操作来认识世界的思维与学习特点。因此，提升家长层面对于幼儿科学启蒙教育的重视和正确认识仍然是开展家庭科学启蒙教育工作的重中之重。

---

① 金环，盛于蓝，章孙龙.蓓蕾图式：幼儿科学启蒙教育的可视化研究［J］.幼儿教育，2022（36）：29—34.

② 朱瑜.幼儿家庭科学启蒙教育现状的调研报告［J］.幸福家庭，2021（9）：7—8.

另一方面，提升家长的幼儿启蒙教育的能力。家庭幼儿科学启蒙教育也是为了使幼儿在园获得的科学学习经验能够在家庭中得到延续、巩固，甚至发展。在此过程中，幼儿园应通过多种途径提升家长的幼儿科学启蒙教育的指导能力。例如，向家长提供科学启蒙教育活动的指导手册，向家长演示相关的科学启蒙教育活动，走进幼儿家庭对家长进行现场指导，以及搭建交流平台进行家庭科学启蒙经验分享①等。此外，特别重要的是，指导家长基于自身幼儿的认知水平、年龄特点和兴趣等为幼儿提供"专属的科学启蒙教育"，即重视个性化教育。相较于幼儿园以集体为主的幼儿科学启蒙教育活动，家庭中的一对一甚至多对一的比例配置更易于基于幼儿个体的科学兴趣因材施教，推动幼儿的个体发展。

二、当前幼儿科学启蒙教育存在的问题

从 20 世纪 80 年代末逐步引入"幼儿科学启蒙教育"的概念至今，我国幼儿科学启蒙教育一直在不断调整与进步，无论是教育手段、教育理念，还是教学内容都更加科学合理，一定程度上实现了质的飞越②。但是，回顾以往的相关理论和实践研究，我们也发现了当前的幼儿科学启蒙教育仍然存在一些问题。

（一）知识本位现象依旧存在

近年来，随着国家性政策文件的不断颁布，幼儿科学启蒙教育应关注幼儿科学素养的培育、关注幼儿科学探究的亲身体验和过程等理念越来越得到幼儿科学教育理论和实践工作者的认同，但言之易，行之难，聚焦当前的幼儿科学启蒙教育实际情况，会发现仍然存在着一定程度的"知识本位"的现象。例如，科学集体学习活动中仍然将科学知识的获得作为首要目标，忽视

---

① 张洁."亲子认知式"科学启蒙游戏的研究与实践［J］.山东教育，2014（Z5）：97—98.
② 姚婵，孙淼，孙艳涛.化学在幼儿科学启蒙课程中的应用研究——"魔法宝宝学堂"系列课程初探［J］.山东化工，2020，49（17）：199，201.

了对幼儿科学探究兴趣的培养。又如，将晦涩的科学知识借助绘本、视频等的形式说出来，使用的依旧是成人化的语言，实质依旧是知识灌输。因此，如何基于幼儿科学学习的特点，基于幼儿的科学兴趣和发展需求，在科学启蒙教育中落实幼儿科学素养的培育依旧是未来幼儿科学启蒙教育的关键内容。

（二）教师自身科学素养有待提高

教师作为幼儿重要的科学启蒙者之一，对于其科学启蒙教育能力的关注是历年来幼儿科学启蒙教育研究的重点。教师自身的科学素养同样影响幼儿科学素养的形成。然而，当前幼儿园教师的科学素养普遍较弱，其科学知识不足，科学方法与能力欠缺，科学意识也亟待提高[1]。教师自身科学素养的不足表现在日常科学启蒙教育中，即对于幼儿的"十万个为什么"知之甚少甚至是毫不了解，更有其甚者，对于幼儿的好奇追问表现出不耐烦的态度，一定程度上严重影响幼儿科学启蒙教育的效果。那么，如何培养幼儿教师的科学素养？提升幼儿教师科学素养的现实困境是什么？该如何突破？在幼儿园教学实践中，教师要如何调整思路和方法，通过实践探索积累经验，提升自己的科学教育能力？[2] 这些都是幼儿科学启蒙教育中有待解决的重要问题。

（三）幼儿科学启蒙课程评价机制缺乏

有关幼儿科学启蒙教育课程的建构与实施是近年来幼儿科学启蒙教育实践研究的热点，众多一线工作者和管理者基于自身或园所的幼儿科学启蒙教育实践，提出了利用地方科学教育资源开展适合班级或园所幼儿的科学启蒙教育特色活动和课程等举措。对上述幼儿科学启蒙教育特色活动和课程进行梳理后，我们发现，当下幼儿科学启蒙教育更为关注的是活动或课程的设计架构与组织实施，少有关于课程评价的研究。相对于幼儿科学启蒙教育活动或课程的设计与实施，评价环节相对薄弱，缺乏合理的评价机制，不能对幼儿科学启蒙课程进行有价值、有意义的系统性评价。因此，如何架构起科学、

---

[1][2] 《福建教育》编辑部. 提升教师科学素养，推进幼儿科学启蒙［J］. 福建教育，2021（51）：4—5.

合理且符合幼儿科学启蒙教育特点的课程评价体系是未来幼儿科学启蒙教育活动中必须攻克的难点。

第三节　浸润式幼儿科学启蒙教育的理论基础

张江经典幼儿园浸润式幼儿科学启蒙教育的理念是在学习和内化前人已有相关研究基础之上提出的，在此分享前人相关理论给我们的启发。

一、建构主义：儿童是经验的主动建构者

建构主义兴起于 20 世纪 80 年代，代表人物如皮亚杰、维果斯基等，相关理论内容非常丰富，其核心要义强调"学生是知识意义的主动建构者，学习过程是一个意义的建构和生成过程，新知识也是在学习者的原有认知图式基础上逐步生成的"。[①] 换而言之，建构主义强调知识的动态性和过程性，以学习者为主动建构者，关注学习的社会互动性、情境性以及学习者个体经验的差异性。

相应地，聚焦幼儿科学启蒙教育这一课题，正如《3—6 岁儿童学习与发展指南》中提到的，"幼儿科学学习的核心是激发探究兴趣、体验探究过程、发展初步的探究能力"，这一点与建构主义理论所强调的关注学习过程的想法不谋而合。基于建构主义理论的幼儿科学启蒙教育，启示成人在进行幼儿科学启蒙教育时应尊重幼儿身心发展的规律，将幼儿科学教育定位在启蒙上，更关注幼儿在科学启蒙教育活动中的主动性、科学探索的过程性以及科学启

[①] 肖菊红，周惠英."去结果"式科学启蒙教育的实践研究 [J].江苏教育研究，2017（31）：46—49.

蒙教育的环境等，避免幼儿科学教育步入科学知识灌输和科学教育小学化、成人化的误区。

二、发现学习：知识是过程，不是结果

同样主张幼儿主动学习、主动探索的还有"发现学习理论"的提倡者布鲁纳，他提出"所谓知识，是过程，不是结果"[①]。因此，在布鲁纳看来，学习者不是被动的、消极的知识接受者，而是主动的、积极的知识探究者，教育者应该为学习者提供一种能够独立探究的情境，而不是提供现成的知识。这一点正是《幼儿园教育指导纲要（试行）》中所强调的"学习科学的过程应该是幼儿主动探索的过程"。

此外，他还强调直觉思维对科学发现活动来说是极为重要，直觉思维的本质是映象或图像性的，其形成一般不靠言语信息，更不靠教师指示性的语言文字。所以，教师在学习者的探究活动中要帮助学习者形成丰富的想象，给予学习者自己试着做以及边做边想的机会。因此，在幼儿科学启蒙教育中，基于幼儿以具体形象思维为主的思维特点，教育者应注重引导幼儿通过直接感知、亲身体验和实际操作进行科学学习。

三、施瓦布：科学即探究

"科学探究学习理论"是由美国当代著名科学家、科学教育专家、课程理论家施瓦布基于 20 世纪五六十年代美国科学教育改革的背景所提出的。相较于传统科学观念中的"科学的不变性"，施瓦布强调"科学即探究"，且"科学具有多样性，科学知识具有可修改性，科学知识具有多线性，科学具有发展性"[②]基于科学的上述特性，施瓦布进一步提出"科学探究教学"，即学

---

① 布鲁纳 . 北京师联教育科学研究所，编译 . 发现学习思想与教育论著选读［M］. 北京：中国环境科学出版社，2006.

② 韦冬余 . 施瓦布科学探究教学思想研究［D］. 上海：华东师范大学，2013.

生是主动、积极的探究者，教师是具有反思能力的指导者；要探究科学本质的多样性，不把单一结论传授给学生；要结合知识产生的情境来理解科学知识。科学探究教学的基本策略有：发展学生阅读和自学的能力，使用探究性的讲授方式提供材料并进行讨论，运用引导性讨论让学生进行参与式理解。[①]

因此，不同于布鲁纳从教育内容的角度阐述"发现学习"理论，施瓦布从教学方法的角度展开了对"科学探究学习"的论述。这也为幼儿启蒙教育工作者在幼儿启蒙教育中的角色定位、组织实施策略等方面提供了重要的学习和借鉴基础。

四、陶行知：生活即教育

相较于上述三种理论，我国著名教育家、思想家陶行知先生的"生活即教育"理念是国内学者和一线教育工作者在论述幼儿科学启蒙教育活动中最频繁提及的。"生活即教育"是陶行知先生教育思想的核心。陶行知先生的"生活即教育""教育即生活"理论强调幼儿教育与幼儿生活的关系更密切；"社会即学校"作为生活教育理论在学校与社会关系问题上的具体化，强调要把学校的一切延伸到大自然、大社会里去；"教学做合一"则是生活教育理念在教学方法问题上的具体化，特别强调要让幼儿在亲自"做"的活动中获得学习[②]。

此外，陶行知先生还在其《创造的儿童教育》《实施民主教育的提纲》《民主教育》等文章中强调通过"六个解放"把儿童的创造力解放出来。所谓"六个解放"，即解放儿童的头脑，使之能想；解放儿童的双手，使之能干；解放儿童的眼睛，使之能看；解放儿童的嘴，使之能说；解放儿童的空间，使之能接触大自然和大社会；解放儿童的时间，使之学习自己渴望学习的

---

① 韦冬余.施瓦布科学探究教学思想研究［D］.上海：华东师范大学博士论文，2013.
② 何芸.随风潜入夜　润物细无声——谈陶行知思想下科学启蒙功能在环境创设中的体现［J］.吉林教育，2013（16）：125.

东西。①

陶行知先生的"生活即教育"理念具体到幼儿科学启蒙教育中，则表现为"幼儿的科学活动应该密切联系幼儿的实际生活，教师应充分利用幼儿身边的事物与现象作为科学探索的对象""让幼儿亲自动手、动脑去发现问题、解决问题"②"经常带幼儿接触大自然，激发其好奇心与探究欲望"③等。

第四节　浸润式幼儿科学启蒙教育的"经典模式"

一、浸润式幼儿科学启蒙教育的内涵

"浸润"一词，究其在《辞海》中的本义，强调"沾濡；滋润"，后被延伸为"逐渐渗透；积久发生作用""（积极而微妙地）影响"。聚焦于教育学视野下，浸润式教学作为一种新型的教学方法，最早是由加拿大学者提出，后不断发展至世界各国（如美国、澳大利亚、日本、芬兰等）的教育领域。此外，在20世纪30年代，美国社会心理学家谢里夫（M-Sherif）进行了一项关于从众心理的实验研究，随后就有学者把此实验在研究过程中所涉及的方法运用到了学科教学中，使学习者的学习效果有了明显提升。该方法的特点是缓和持久、潜移默化。

幼儿园浸润式科学启蒙课程是指在充分尊重幼儿年龄特点和身心发展规

---

① 冯顺丽. 陶行知"六大解放"思想与幼儿园科学启蒙教育的结合［J］. 小学科学（教师版），2015（4）：169.

② 中华人民共和国教育部. 幼儿园教育指导纲要（试行）［M］. 北京：北京师范大学出版社，2001：7.

③ 中华人民共和国教育部. 3—6岁儿童学习与发展指南［M］. 北京：首都师范大学出版社，2012：10.

律的基础上，依托园所及周边丰富的科学资源，构建以环境浸润为特点的课程体系，并凸显课程的生活化、游戏化和科学化，使幼儿园科学启蒙课程达到"润物细无声"的教育效果，并推动幼儿在逐渐渗透中获得潜移默化的积极发展。

二、浸润式幼儿科学启蒙教育的理念

课程理念：浸于境，润于心，成就"经典"宝贝

浸：直接感知、实际操作、亲身体验

境：大自然情境、真实情境、问题情境

润：情感滋润、实境浸润、反思丰润

心：好奇心、探索心、自信心

（一）浸于境：浸润式科学启蒙教育环境

幼儿是有能力的学习者，当幼儿沉浸在一项事务中时，就开始有了属于自己的学习活动。同样，也只有当幼儿沉浸在环境之中时，才有可能产生后续一系列的深度学习。因此，教育者应该创设能够激发幼儿产生探究兴趣且促使其"沉浸"其中的科学启蒙环境。

（二）润于心：浸润式科学启蒙发展过程

幼儿科学启蒙并不是一蹴而就的，而是需要在潜移默化的浸润中得以发展。幼儿在浸润式的科学启蒙环境中，通过直接感知、亲身体验和实际操作等活动展开浸润式的科学探索，从而实现幼儿科学学习的核心要义，即"激发探究兴趣，体验探究过程，发展初步的探究能力"，使幼儿实现身心和人格的成长，真切地感受到科学的神奇、科学方法的神奇，感受到科学就在身边，体会到科学让生活更美好。

总之，浸于境、润于心，浸润式科学启蒙课程本着"润物细无声"的理念，将科学教育渗透在幼儿所能接触到的各种生活情景中，以活动为载体，以自主探究为主要途径，为幼儿提供自主学习的资源，让幼儿不知不觉地沉浸在以其为主体，适宜、有教育价值的科学探索环境中，并给予幼儿环境的

参与权和决定权。在浸润式科学启蒙课程中，幼儿直接感知、亲身体验，自发地进行观察、探索、思考、表达，习得科学的知识，初步掌握科学探究的方法与程序，形成积极的科学态度与初步的科学素养，形成学习科学为祖国服务的愿望和热爱祖国的品质，同时发现自我的力量，获得发自内心的快乐，建立充分的自信。

三、浸润式幼儿科学启蒙教育的价值

（一）创设浸润式科学探究环境，激发幼儿探究兴趣

幼儿是在与材料、环境的互动中进行科学探究的，浸润式幼儿科学启蒙教育强调对幼儿科学探究环境的创设，尤其强调让幼儿沉浸在丰富的物质环境、宽松开放的探索氛围中，自然、主动地与环境互动，进而萌发对科学探究的兴趣。

张江经典幼儿园依托浸润式教育理念，打造"三方共建课程"的浸润式教育环境，即从物质方面打造幼儿园的科学探究环境，从语言、情感方面对幼儿探究行为给予支持，将科学探究活动延伸到家庭和社区层面，通过人与人、人与物、人与境的互动，激发幼儿的科学探究兴趣，支持幼儿成为探究活动的主体，推动幼儿在科学探究的过程中主动建构经验。

（二）提供浸润式科学探究机会，引发幼儿深度探究

幼儿科学探究需要经历直接感知、亲身体验和实践操作的过程，正如浸润式幼儿科学启蒙教育理念所主张的，除了为幼儿创设浸润式的科学探究环境，还要为幼儿提供浸润式的科学探究机会。

一方面，要给予幼儿足够的科学探究空间和时间，让幼儿能够对自己感兴趣的科学现象或事物进行反复多次的探索，进而实现探索能力的螺旋式发展。另一方面，要尊重幼儿发展的个体差异。在尊重"幼儿的发展是一个持续、渐进的过程，同时也表现出一定的阶段性特征"的基础上，为每一个幼儿提供适合其最近发展区的浸润式科学探究机会，引发每一个幼儿基于其发展水平进行深度探究。

四、浸润式幼儿科学启蒙教育的目标

相较于让幼儿发现真理，幼儿园阶段的科学教育活动更侧重让幼儿对科学知识始终保持好奇心，通过引导幼儿自主探究，使其逐渐形成热爱科学的思想情感，实现科学素养的不断提升，实现更全面的发展，进而实现情感与知识的统一。[①]

因此，在遵守相关国家政策法规精神和幼儿身心发展规律的基础上，结合园所实际情况，将浸润式科学启蒙课程的课程目标定位在"科学启蒙"上，更关注培养幼儿热爱科学的情感、求真的科学态度和初步的科学探究能力。张江经典幼儿园在学习《3—6岁儿童学习与发展指南》中有关不同年龄段幼儿科学领域学习与发展目标的基础上，又增补并园本化了不同年龄段幼儿的具体科学启蒙目标，形成经典幼儿园浸润式科学启蒙教育特色培养目标。

表 1-1　不同年龄段幼儿科学启蒙培养目标一览表

年龄段	目　　标
小班	对周围和生活中的现象充满好奇，喜欢观察，能发现事物在变化并有想知道为什么的愿望，能尝试寻找答案。
	愿意表达自己的发现或提出简单的问题，积极探索，愿意完成自己喜欢或选择的事情，知道做事情要有始有终。
中班	能仔细观察并简单总结发现的物理现象，在参与探索的过程中记录自己的发现和问题，大胆提出自己的想法或质疑并坚持探索，直至寻找到自己想要的答案。
	能根据已有经验和观察到的现象积极推测事物的变化及其原因，在观察、比较中不盲从，坚持自己的观点并大胆表达。
大班	做事专注，有较强烈的探究、操作、实验愿望，能对事物进行持续观察，积极发现问题并尝试运用已有经验解决问题。
	好奇好问，善于发现身边奇特的现象，懂得从不同的角度去观察事物，大胆想象，能通过假设、探索、验证的过程获得答案。
	能较专注地进行科学探究活动，有选择并正确使用各种工具帮助自己完成探索过程的能力，遇到困难能主动想办法克服，努力尝试寻找解决的办法并大胆表达。

---

① 蔡希文.陶行知生活教育理念在幼儿园科学活动中的运用［J］.教育界，2022（19）：105—107.

如上表所述，因为不同年龄段幼儿的思维特点、发育水平等都存在差异，所以不同年龄段幼儿科学启蒙培养目标也存在差异性，但究其本质还是围绕"科学启蒙"的总体课程目标，激发幼儿热爱科学的情感（如"有想知道为什么的愿望"等），培养幼儿求真的科学态度（如"好奇好问，善于发现身边奇特的现象，知道从不同的角度去观察事物"等）、发展幼儿的初步探究能力（如"能较专注地进行科学探究活动，有选择并正确使用各种工具帮助自己完成探索过程的能力"等）。

五、浸润式幼儿科学启蒙教育的原则

基于近二十年的实践探索，张江经典幼儿园基于对幼儿科学启蒙教育与浸润式教学理论的学习研究，逐渐探索出了浸润式幼儿科学启蒙教育的原则。

（一）整合性原则："五育"并举，有机融合

一方面，强调与其他领域学科内容的整合，德、智、体、美、劳五育并举，注重"五育"教育之间的整合，幼儿各发展领域之间的平衡及幼儿的全面、和谐发展。另一方面，聚焦幼儿科学启蒙，不只是关注幼儿科学认知经验的积累，更注重幼儿科学态度、科学情感和科学能力等多方面的培养与发展。

（二）发展性原则：全面发展，关注个体

以科学启蒙教育促进幼儿的全面发展，同时也关注幼儿在科学学习与体验过程中的个体性。因为不同幼儿存在学习方式、发展水平等多方面的个体差异，所以针对不同年龄段幼儿设计了不同的科学启蒙课程内容；针对不同学习方式的幼儿，在倾听对话、理解支持的基础上采用不同的科学启蒙指导方式。

（三）支持性原则：环境浸润，丰富体验

通过创设适宜激发幼儿科学兴趣、满足幼儿科学体验的浸润式科学启蒙课程环境，如科学实践基地等，让幼儿在浸润式科学课程学习中不断丰富各类科学体验，发展初步的探究能力。

六、浸润式幼儿科学启蒙教育的架构

（一）整合地方文化，建构特色课程

张江经典幼儿园位于张江高科技园区，该园区被誉为"中国的硅谷"，是中国国家级高新技术园区，园区内有国家上海生物医药科技产业基地等多个国家级基地。为此，园所依托、挖掘和充分利用张江地域科学城的社区和周边企事业优质资源，纳入幼儿熟悉的园所周边环境、科学实践基地等资源，创设幼儿园浸润式科学启蒙教育环境，例如以科学家名字命名的走廊环境创设、园内的"科农基地"等。此外，还生成了"大飞机""了不起的中医药""有趣的动漫"等一系列颇具"张江特色"的科学启蒙活动。

（二）融合主题课程，两类课程互补

浸润式科学启蒙课程作为幼儿园特色课程，是基础课程的补充部分，同时，幼儿园基础课程内容又是浸润式科学启蒙课程实施的载体，两者更多以整合的方式开展。简而言之，幼儿园浸润式科学启蒙课程与基础课程有机融合、互为补充。

表 1-2　幼儿园浸润式科学启蒙课程与基础性主题课程的融合

基础课程主题			张江地域科学主题（内容）
小班	中班	大班	
/	交通工具	我是中国人	大飞机
/	/		神奇的电路
/	玩具总动员		有趣的动漫
小花园 雨天	春天来了	有用的植物 春夏秋冬	种植的秘密
不怕冷	我爱我家	有趣的水	家有好帮手
小医生	身体的秘密	我自己	了不起的中医药
/	周围的人	我要上小学	空中电话
/	我在马路边	我们的城市	张江的交通

以上表中的张江地域科学主题课程为例，作为幼儿园浸润式科学启蒙课程的一部分，相关主题课程是与内容密切相关的基础课程融合在一起开展的，例如科学启蒙课程"种植的秘密"可以与不同年龄段的基础课程相融合，如小班的"小花园""雨天"主题、中班的"春天来了"主题以及大班的"有用的植物""春夏秋冬"主题。两类课程的融合既丰富了幼儿的相关主题经验，又推动了幼儿对某一事物或现象的科学经验的积累，促使幼儿对相关主题进行深度科学探索。

（三）渗透一日生活，科学融入生活

幼儿园一日生活皆课程。相应地，幼儿园浸润式科学启蒙课程也应该渗透于一日生活之中。换而言之，科学源于生活，同时也应融于生活。为此，幼儿园浸润式科学启蒙课程提出了"科学点亮生活"的课程追求，旨在把科学启蒙深深地根植于幼儿的生活，令幼儿对生活中的自然、社会现象充满好奇，乐于体验、实践、探索，发现自然之美、科学之美、生活之美，从而更加热爱生活。

"科学点亮生活"的课程追求落实到课程实施上，表现为梳理了具有操作性的课程实施附件，如涵盖生活、运动、游戏、学习的"四大板块科学启蒙课程实施导引"以及"幼儿园浸润式科学启蒙课程实施内容（列举）"等，成为教师开展幼儿园浸润式科学启蒙课程的有力抓手与保障。

表 1-3　幼儿园浸润式科学启蒙课程实施内容（列举）

年龄段		幼儿发展目标	实施内容
小班	第一学期	了解家庭中的几种常见科技产品及使用方法	现代家庭
	第二学期	认识常见的动植物，知道周围生活中很多事物都是可以改变的	中医药 现代农业
中班	第一学期	获取一些在日常生活中运用现代科技的经验，并能在成人的指导下正确运用现代科技	现代家庭 中医药 现代农业
	第二学期	感受科技产品给生活带来的便利	动漫城 现代通信 张江的路
		能发现简单的物理现象（形态、位置的变化，溶解传热的性质等）	

（续表）

年龄段		幼儿发展目标	实施内容
大班	第一学期	对生活中密切接触的科技产品产生兴趣，尝试在成人的帮助下多途径收集信息，并乐于与同伴分享信息	现代家庭 现代农业 中医药 集成电路
		对生活中的科学现象有持续探究的兴趣，学习寻求解决问题的多种可能性，知道坚持实验有可能找到解决问题的办法	
		探究动植物生长需要的条件，关注新技术在植物培植中的作用	
	第二学期	开展探究、操作、实验等活动，对事物变化发展的过程感兴趣，积极尝试用简单的认知方法发现问题、解决问题	张江的路 大飞机 动漫城 现代通信
		能合理地进行争论与询问，并大胆在集体场合与人交往和表现自我	
		能发现身边的科技发明并了解其发展过程，体验科技的进步	

（四）教科研互成就，科研实践同行

浸润式科学启蒙课程在十余年的实践过程中不断调整、完善，其最重要的抓手是教育实践与教育科学研究同行，两者互相成就。

第一课程实施阶段，依托课题《建设"张江大家庭"式幼儿科学启蒙课程的实践研究》，建构与实施了张江八大科学主题活动，并与家长携手编写了家庭科学启蒙教育方案，建构了《"爱张江·爱科学"幼儿科学启蒙特色课程》，即幼儿园浸润式科学启蒙课程1.0版。第二课程实施阶段，开展课题《"浸润式教育"视野下幼儿科学素养培养的实践与研究》，积极探寻幼儿面向未来的能力与品质，将科学启蒙与幼儿一日活动紧密相连，制定了幼儿园浸润式科学启蒙课程2.0版。在建构与实施幼儿园浸润式科学启蒙课程的同时，依托课题研究的力量，对课程体系不断修正、完善，使得幼儿园浸润式科学启蒙课程向着更基于幼儿年龄特点、兴趣和发展需要方向迈进。

（五）多元主体共育，发挥教育合力

要想发挥幼儿园浸润式科学启蒙课程应有的教育效能，还需要发挥幼儿所处不同生态圈的作用，实现多元主体共同培育，发挥多维教育的合力效益。

具体而言：

1. 开发家庭科学启蒙课程

为了将幼儿科学启蒙课程更好地渗透到幼儿家庭之中，张江经典幼儿园开发了家庭科学启蒙课程。一方面以班级、社区为单位组建家庭科学启蒙小组。家长参与活动设计，利用双休日或节假日开展科学亲子观察或科学小组活动，旨在增进不同家庭的幼儿、家长之间的了解，形成教育合力，共同培养幼儿的科学兴趣，丰富幼儿的科学经验，提高幼儿的科学探究能力。此外，为了提高家长的科学启蒙指导能力，张江经典幼儿园还特意编制了《家庭科学启蒙指导手册》。另一方面开展家庭亲子科学活动。幼儿园依据相关科学活动主题，为家长提供配套的活动内容和指导建议，鼓励亲子间开展各类科学启蒙活动，包括亲子种植观察、亲子科学小游戏、亲子科学绘本共读等。

2. 建立社区科学启蒙基地

社区作为幼儿的居住场所，同样也在幼儿园浸润式科学启蒙课程实施中发挥着举足轻重的作用。张江经典幼儿园一方面将园所在社区的各类教育场所和资源纳入科学启蒙课程的实施，扩大科学启蒙课程的影响力，正面宣传科学启蒙课程对幼儿发展的重要作用，争取到了更多周边高科技产业园、功能区、社区乃至更广空间范围内的社会支持。另一方面，结合幼儿的科学兴趣与发展需求，为满足科学启蒙课程所需，与社区企业开展共建，成为"构建并完善学校、家庭、社区合作协商制度建设"项目试点园。简而言之，充分发挥家庭、幼儿园、社会多元主体共育的作用，实现课程资源上共享、时间上共育、内容上共建、方法上共研，进而共同支持幼儿的全面发展。

当幼儿科学探索的价值不仅仅停留在科学知识的累加，幼儿便能在科学探索的过程中更多地感受神奇，不仅感受到科学的神奇，更感受到自我的神奇：感受到自己是有力量的学习者，是有能力的行动者。

幼儿园浸润式科学启蒙教育正是基于对这一科学启蒙目标的追求，在创设浸润式科学启蒙教育环境的基础上，遵守整合性、发展性和支持性的课程设计原则，实现凸显科学生活化、关注幼儿主体性、追求体验过程性的课程维度，并以"整合地方文化构建特色课程；融合主题课程，两类课程互补；渗透一日生活，科学融入生活；教科研互成就，科研实践同行；多元主体共育，发挥教育合力"为实践抓手，推动幼儿沉浸其中、浸润其中、深入其中，进而亲近科学、走进科学、学习科学、热爱科学。

创设浸润式教育环境，
打造科学启蒙全息空间

"环境是幼儿园的第三位老师"，会对幼儿产生潜移默化的影响。课程实施环境好比无声的教育者，能帮助幼儿在建构知识经验的过程中获得必要的支持，激发幼儿探索、求知的欲望，是促进幼儿发展的有效场域。

创设浸润式教育环境，从外在显性层面上分析，是指创设能贴近并反映幼儿生活、有足够的空间呼应众多幼儿、充分挖掘幼儿潜能并发挥其多元才智的情境，运用语言、场景、文化等进行熏陶或影响，通过感知、认知、情感体验等方式唤醒受教育者，促使其知、情、意、行全面投入，从而获得身心成长和经验改造。

第一节　创设科学启蒙立体环境，
让科学探索随处发生

物质环境的打造是创设浸润式教育环境的基础。我们充分利用幼儿园内的每一寸空间，打造浸润式教育环境，旨在让幼儿亲历体验、置身浸润式教育环境之中，让幼儿的科学探索行为随处发生。

一、墙面和走廊：让科学变得触手可及

根据幼儿年龄特点，张江经典幼儿园创设丰富的墙面环境供幼儿体验与感受。

　　能开能关的窗帘墙：我们在走廊里创设不同材质、不同种类、不同打开方式的窗帘墙，有布帘、折叠帘、手拉帘、电动帘，幼儿在来园、离园经过的时候可以看看、摸摸，亲身实践各种打开方式。

　　能移能贴的张江缩影墙：张江经典幼儿园选择了周边的标志性建筑以及十八条纵横交错、以中外科学家名字命名的道路，将路名、科学家头像、发明内容制成可移动的磁贴，幼儿在看看、找找、认认、贴贴的同时有了不少发现。

　　能玩能试的实践基地墙：我们将幼儿参与科学实践基地活动过程的照片、记录制成不同版图，让幼儿每次经过都能回想起基地活动的体验和感受，不由得再看一看、玩一玩、说一说、想一想，在科学环境中持续思考。

　　彰显特色的探索发现墙：张江经典幼儿园以张江地域内的科学教育资源为基础，以幼儿兴趣为出发点，建构了具有实验性、注重探究过程的科学主题，包括"大飞机""了不起的中医药""张江的交通""种植的秘密""空中电话""有趣的动漫"等，并将相关的内容以互动墙的形式打造在环境中。

　　边探索边发现的科学主题墙：如开展"有轨道的车"主题探索时，我们提供有轨电车模型、书籍等，引导幼儿去探索和发现。开展"中医药"主题探索时，我们提供各种中草药，幼儿可以去看一看、闻一闻，还可以试着去

图 2-1　彰显特色的探索发现墙　　　　图 2-2　能玩能试的实践基地墙

种植、去配药。

"好玩"看得见的科学问题墙：洗手时，幼儿沾上颜料的手碰到洗手液，彩色的泡泡引发了幼儿对"变色"的探索兴趣，幼儿和教师将自己对"颜色"的疑问和争议用图文并茂的形式呈现出来，用问题推动幼儿进行深入思考和探究。

幼儿园内的各条走道是连接不同空间的主要通道，也是教师和幼儿平时走动最多的地方，可以将其打造成一条条"宣传通道"。我们充分利用幼儿园的走廊、门厅、楼梯创设环境，抓住幼儿和家长每天进进出出的时机，与幼儿园各活动室配合，帮助开展各类活动的回顾与反思。幼儿园的走道环境与园内其他教育环境协调配合，有效促进了幼儿的身心健康发展，是幼儿园室内环境的重要补充。

厅道：张江经典幼儿园通往门厅、大厅的厅道极具科学启蒙特色。如盛夏园区的门厅走道上创设的"张小江游张江"主题环境，将张江附近的"百草园""动漫谷""孙桥农业开发区"等场馆信息布置在迷宫中，针对每个场馆都提供了互动性较强的操作材料，方便幼儿探索。同时，材料和场馆信息都会定期根据幼儿的兴趣点更换，体现了以幼儿为本的理念。

廊道：张江经典幼儿园四个园区每一层的走廊都是一条"科学长廊"，凸显张江地域的科学特色，有"集成电路科技馆""商飞院""孙桥现代农业园""有轨电车"等，张江经典幼儿园将"科技之城"打包搬进走廊，为幼儿创设了具有

图 2-3　厅道

图 2-4　廊道

浓厚科学气息的环境。

梯道： 考虑到幼儿上下楼梯的安全性，在楼梯的过道上，我们创设的科学环境以供欣赏为主要功能，如科学绘本的推荐、科学家的故事、科学启蒙小组活动的照片等。

二、专用科探室：提供先进科技体验机会

科探专用活动室是张江经典幼儿园最有特色的专用室之一。结合园区硬件设施条件，我们创建了各具特色的科探室，科探室活动主题既有偏向现代科技领域探索的"集成电路会唱歌""磁力墙""蜜蜂机器人探路"，又有侧重自然科学探索的"中草药探索""香樟年轮大揭秘"，更有集趣味、教育功能于一体的"超级传声筒""有轨电车开来了""会唱歌的彩色瓶"等，内容涵盖声、光、电、磁、力等各种科学原理。

科学室的进化体现了张江经典幼儿园对科学启蒙研究的不断深入。记得2010年国务委员刘延东来张江经典幼儿园视察时，张江经典幼儿园科学探索室环境的创设主要从科学启蒙课程的研究内容、地域资源的特色出发，把室内布置成四个区域：光学区、人体自然研究区、生活实验区、创意制作，同时注重呈现装饰性的科学元素，如纸杯做的世界地图等。2018年，上海市科学教玩具展示活动开展时，我们从幼儿的兴趣出发，注重幼儿的体验与探索，将原有的装饰墙设计成一整面磁力墙，还设计了"光影世界"和"声音小屋"等，使幼儿主动发现科学、快乐探索科学。如今，张江经典幼儿园科学探索室中创建体现了张江高科技元素和地域特色的科学体验区，体现科技引领新生活、适宜幼儿年龄特点的科创探索区，帮助幼儿深入体验科学探究。

1. 科技之门

门口的人脸识别系统让幼儿充分感受到科学的神奇。从进门开始感受不同的门打开的不同方式及光影的融合，让幼儿真切体验到科技的进步，并开启科学探索的旅程。

2. 编程操作体验区

该体验区让幼儿近距离触摸科技，利用 iPad 进行简单编程，对机器小蜜

蜂等编程玩具发出指令，使其做出预想的动作，如前进、转弯、发出不同声音等。

3. 动力世界

欢乐球道活动区域综合了多种机械原理和物理概念，幼儿可以运用各种方式传递小球，在互动过程中了解阿基米德螺旋原理、杠杆平衡原理、重力、摩擦力等科学原理。

4. 光影世界

该区域有融合光的折射、透光性等原理的光电体验墙，还有 3C 投影仪、皮影游戏设备等供幼儿探索光影。

5. "小小科学家"体验区

能满足幼儿多感官探索的体验区，是幼儿探索声、光、电、磁、力等身边常见的有趣物理现象的区域。提供材料库并按材质、工具、适用年龄段等特点分类摆放，幼儿可以自主选择材料，独立或小组合作进行实验探索，从现象中发现问题、提出猜想并动手验证。提供师生共同搜集的材料，孩子们可以观察水流的动向，尝试过滤水，玩水的同时又能观察镜子里的自己。该区域能更好地培养幼儿的创新精神和实践能力。

6. 智能体验区

"芯"路新体验：全息沉浸式体验区域，以张江的路、张江高科技园区为背景素材，制作成内设电子芯片的互动感应墙面。

浸润式人工智能与现代科技体验：通过提前打开的空调、声控窗帘等无处不在的高科技，让幼儿充分感受科技给生活带来的便利和美好。

VR 眼镜：可用于虚拟观看中医药生长（如 600 倍速观看中草药的生长过程）、360° 沉浸式进入展馆（如展讯集成电路馆、戏剧谷等张江科探实践基地）。

3D 打印：幼儿使用 3D 打印笔大胆创造立体图形，了解平面和立体的差异，感受立体的空间形态。

图 2-5　科学室——科技之门

图 2-6　科学室——动力世界

图 2-7　科学室——3C 投影仪

图 2-8　科学室——"小小科学家"

三、教室空间：走近"身边的科学"

教室作为幼儿在园期间经常用于活动和学习的场所，其科学教育环境的营造对幼儿有着直接的熏陶作用。教室环境从区域来划分，可分为科学区、植物角、餐厅、盥洗室和午睡室。

（一）科学区

在科学区，幼儿以小组活动的形式进行自由探索。材料库是科学区创设的关键，一般投放五大类主题材料：第一类是与水、声音、电、磁、光、影相关的电池、磁铁、镜子、手电筒等材料；第二类是观察认知与操作相结合的材料，如人体模型、动植物、树叶、昆虫、各种各样的石头等；第三类是供幼儿制作、观察和测量的工具材料，如量杯、放大镜、护目镜、昆虫观察盒、镊子等；第四类是科技、设计制作类的材料，如感应垃圾桶、扫地机器人、自动浇花器等；第五类是回形针、木夹子、塑料布、**PVC**管、吸管、绳子等低结构材料。需要注意的是，材料要物化探索目标，循序渐进分层次呈现，还要注意材料与材料之间的关系。科学问题墙是科学区墙面创设的板块内容之一，用图文并茂的形式呈现探究的问题，猜想、计划和发现等内容，师幼一起参与墙面设计，根据探究的热点对墙面进行动态调整。

（二）自然角

班级的自然角是张江经典幼儿园幼儿开展生命科学探索的主阵地。教师支持幼儿充分参与自然角环境创设，按照自己的意愿选择种植的植物种类、容器等，并根据教育目标、教学计划和季节特点进行取舍，最终确定种植的植物。教师也提供植物的图片和模型，用平铺、悬挂、立体、叠高等方法来展现，支持幼儿对不同植物进行观察、比较。自然角设有一个供幼儿专门记录使用的小桌子，上面摆放各种色笔，提供观察记录表，支持幼儿自由选择、边看边记，如记录种子从发芽生长到开花结果，再到凋谢枯萎的整个过程，从中发现植物生长的规律和特点。我们还在自然角创设了"问题发现墙"，在观察实验前将幼儿的困惑呈现出来，探究实践后鼓励幼儿将发现和问题解决的方法分享在墙上，自然角成了幼儿的探究场：幼儿在豆子发芽的实验中根

图 2-9　科学区

图 2-10　自然角

据彼此观点的不同自由结伴分成三组，分别进行土培、沙培和水培的实验；幼儿试图验证植物生长需要阳光，就在教师的帮助下将植物分别放置在透光、遮光和局部透光的盒子中，经过一段时间的观察，记录并比较不同条件下植物的生长发育情况。

（三）餐厅

餐厅是幼儿在园期间吃两顿点心和一顿午餐的场所。我们在考虑创设健康宽松的餐厅环境的同时，还要注重捕捉和创设就餐区中的科学教育元素。小班幼儿挑食，害怕吃黑颜色的食物，教师便开展了"食物王国的色彩精灵"活动，与幼儿一起阅读科学绘本，在餐厅洞洞板上标记"红色健康精灵"（代表肉、蛋、奶）、"绿色健康精灵"（代表蔬菜水果）、"黄色健康精灵"（代表米面主食）和"白色精灵"（代表盐、味精等调料）。幼儿在每日进餐时观察今日午餐吃了什么种类的食物，餐后选一选自己吃到了哪几种"精灵"，在观察比较中了解吃不同颜色的食物有益于身体健康，从而愿意尝试吃各种"色彩精灵"。我们还创设了"饭量知多少""为什么要吃蔬菜""有气味的菜""食物的旅行""会'噗'的食物"等科学教育课题，这些都来源于幼儿在餐厅中的发现和兴趣。教师和幼儿一起布置餐厅的环境，把环境真正"还"给孩子。

（四）盥洗室

盥洗室是幼儿每日多次出入的场所。我们从幼儿的实际情况出发，细致观察幼儿的兴趣，分析幼儿的年龄特点、经验和实际需要，选择适宜的内容来创设环境，发挥科学教育的价值。幼儿有一个阶段对于自己大便的形状特别好奇，于是教师和幼儿一起收集关于大便的信息，了解什么形状、什么颜色的大便是健康的，并将"大便的秘密"版面布置在盥洗室内。幼儿洗手时常常会发现洗手液加了水后，一经揉搓就能产生很多泡泡，这样的发现也能成为我们环境创设的灵感。幼儿小便后会观察自己小便的颜色，我们便通过版面布置告诉他们小便颜色跟什么因素有关。还有用免洗洗手液了是不是可以不洗手、洗手的时候袖子总是掉下来怎么办、怎样在洗手的时候节约用水

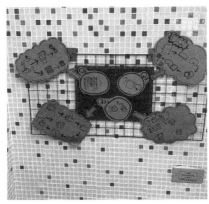

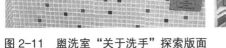

图 2-11　盥洗室"关于洗手"探索版面　　图 2-12　餐厅"饭量知多少"探索版面

又能把手洗干净、洗手时水为什么总会把衣袖弄湿等幼儿在盥洗室里实际遇到的问题也都成为了环境创设的内容。我们在环境创设时充分进行调查和研究，关注幼儿的年龄特点、发展需要，关注"盥洗那些事"与幼儿的健康意识、健康观念、健康行为以及性别意识等方面的联系，从科学和文化两个角度来思考如何打造环境，让环境真正"活"起来。

（五）午睡室

午睡室是幼儿身心健康的重要保证。幼儿在幼儿园的一天活动当中，午休占据了重要的时间模块。睡眠休息影响着幼儿的生长发育、身体健康和下午的活动情况。午睡室内环境要保持清洁、安静、光线柔和。我们在室内挂上星星月亮的装饰图片，给幼儿营造适合睡觉的氛围。我们在午睡前组织幼儿听科学绘本故事，使幼儿情绪得到平静与放松，从而有利于较快地进入睡眠状态，起床时播放音乐，让幼儿在舒缓状态中自然苏醒。我们注重物理环境和心理环境的营造，为幼儿提供温馨的睡眠环境。

总之，我们在创设教室环境时注重增加科学教育元素，也支持教师和幼儿提出改造的想法，营造温馨的人际氛围，让每个人在环境中都能获得存在感和归属感。

四、户外环境：打造没有屋顶的自然教室

幼儿园户外环境的创设有效拓展了幼儿的活动空间，是张江经典幼儿园让幼儿在真实的自然环境中探索科学的实践性尝试。户外环境不仅能成为没有屋顶的教室，还能让幼儿的科学探索随处发生。

张江经典幼儿园共有四个园区，每个园区都建有一个科农基地。每个园区的科农基地根据环境和材料不同，被划分成 6 个不同的区域，有种植体验区、草地果林区、沙水区、生态教育区、气象体验区和动物饲养区。每个区域又分为若干个小区域，便于按照相应的主题创设环境和投放材料，使幼儿有更多的探索选择，具体如下表所示（表 2-1）。

表 2-1　科农基地区域规划情况

序号	区域分类		环境创设
1	种植体验区	蔬果种植区	1. 各班有一块试验田，设有农作物介绍插牌 2. 种植粮食作物、叶菜类、瓜类、豆类、地茎类植物 3. 小、中班选择成熟周期短的品种，大班选择成熟周期长的品种。小班种 2 个品种，中班和大班可种 4 个品种 4. 二十四节气转盘：用于让幼儿了解与不同季节和气候对应的农事活动
		暖棚育苗区	1. 暖棚里提供育苗管道、育苗盆、自动给水设备 2. 提供各种发芽的种子，如黑豆、芸豆（注意要避免较小颗粒的豆子产生安全隐患） 3. 提供多肉科植物育苗 4. 冬天培育海棠、杜鹃、三色堇、风信子等花卉
		介质栽培区	1. 四块试验田 2. 各种介质：黄沙、水、泥土 3. 各种泥土：沙质土、黏质土、壤土
		中草药种植区	1. 各种中草药植物，如蒲公英、枸杞、菊花、金银花；药食同源植物，如生姜、薄荷等 2. 照料维护安排表 3. 植物介绍牌 4. 幼儿探索发现板：呈现幼儿的问题与发现

（续表）

序号	区域分类		环 境 创 设
1	种植体验区	水培区	1. 水培系统、光照设施 2. 各种应季的蔬菜 3. 或在同一时间种植不同的植物，观察对比植物根系的不同；或在不同时间种植相同的植物，观察植物的生长变化，深入了解植物的生长变化规律
		垂直种养区	1. 藤本植物：紫藤、爬山虎、凌霄、扶芳藤、牵牛花、金银花 2. 攀爬架子
2	草地果林区	草坪地被	1. 地毯草（又称大叶油草，喜温暖湿润的气候，耐贫瘠） 2. 本地植被：马兜铃（凤蝶寄生的主要植物） 3. 人工种植植被： （1）韭兰（栽于路边小径旁和草坪边缘） （2）彩叶草（喜高温多雨的气候，喜阳光充足的环境，叶片五彩斑斓） （3）马蹄金（又称金钱草，耐寒耐热，栽植于沟坡、陡坡） 4. 沿阶草（又称麦冬，喜半阴，四季常青） 5. 蕨类：假鞭叶铁线蕨、金毛狗、扇叶铁线蕨、狗脊 6. 苔藓科：白发藓、仙鹤藓、大灰藓、砂藓
		果树林	1. 果树：橘子、柿子、柚子、山楂、枇杷、无花果、苹果、桃子 2. 常绿树：雪松、红松、柏树、冬青、香樟、刺槐 3. 落叶树：银杏树、梧桐树 4. 秋季变叶（色）树种：白果（银杏）、桦木 5. 能开花的树：玉兰、梅花、桂花、樱花 6. 水生树种：垂柳、水杉、桉树 7. 热带树种：芭蕉
		花园	1. 球茎植物：水仙花、风信子、朱顶红、马蹄莲 2. 多肉植物：吉娃莲、桃之卵、蓝石莲、串钱景天 3. 食虫植物：猪笼草、捕蝇草、瓶子草 4. 水生植物：铜钱草、荷花 5. 春天开的花：山茶、牡丹、芍药、玫瑰、蔷薇、郁金香、报春花、风信子 夏天开的花：向日葵、荷花、睡莲、月季、茉莉、栀子 秋天开的花：菊花、四季海棠、红掌、夹竹桃、牵牛花 冬天开的花：羽衣甘蓝、铁线莲、石竹、三色堇

（续表）

序号	区域分类		环境创设
2	草地果林区	灌木丛	1. 山茶花（耐阴，叶片四季常青，花期为7—9月，果期为9—10月） 2. 南天竹（开黄色花，果实成熟后呈蓝紫色） 3. 大叶黄杨（秋冬叶色变红，有红果，经久不落，是赏叶观果的佳品） 4. 海桐（四季常青，可修剪成圆球形或半球形，花期为3—5月，果熟期为9—10月）
3	沙水区	小溪	1. 人造瀑布 2. 材料：石头、木块、木棒、绳子
		水池	1. 水源、防水防尘遮盖布 2. 材料：容器类、滤器类以及管道探究类（玩沙套装）、仿真性海洋小动物、贝壳、鹅卵石等
		沙池	1. 沙池、水源、防水防尘遮盖布 2. 材料：容器类、滤器类以及管道探究类（玩沙套装）、铲子、竹竿、水桶、砖块等不同的材料多元组合 3. 喷泉 4. 其他材料：石头
4	生态教育区	池塘	1. 水源、瀑布、喷泉 2. 水生动物：青蛙、小鱼、螺蛳 3. 水生植物：荷花、铜钱草
		养料培养区	1. 堆肥坑、树叶收集袋（收集落叶，落叶在空气中细菌的帮助下能于半年之内有效分解成为腐叶土，作为下一年度栽培的植料） 2. 废旧材料制作的堆肥桶 3. 设有问题发现，探索观察记录板
		水质检测实验区	1. 试剂（pH值试剂、重金属试剂、亚硝酸盐试剂、氨氮试剂） 2. 材料：收集水的瓶子、棉花、活性炭、细沙、小鹅卵石、纱布 3. 器材：玻璃杯、试管、吸管 4. 文具：记录本、笔 5. 水净化装置实验器材

（续表）

序号	区域分类	环 境 创 设
5	气象体验区	1. 多功能气象测试仪（温度、湿度、风力、风向、降雨量） 2. 各种雨水收集装置和自制器皿 3. 风车测风区 4. 气象记录板
6	动物饲养区	1. 建议饲养的动物：小兔、豚鼠、鸭子、鸡、蚕、蚂蚁、毛毛虫、鹦鹉、乌龟 2. 硬件：饲养动物的模拟房子、笼子、围栏、动物的食物和餐具、清理工具

（一）种植体验区

种植体验区是开辟在幼儿园内地面并扩展到墙壁、走廊以及楼顶的种植园地，既有传统的蔬果种植体验区，也引入无土栽培、暖棚育苗等先进技术，让幼儿亲身体验农耕活动，感知科技给生活带来的影响。种植体验区分为六个小区域：

1. **农耕体验区**。每个班都有一块试验田，学期初由园区统一规划，种植的植物包括粮食作物，叶菜类、瓜类、豆类和地茎类植物，教师和幼儿一起商量选择要种植的具体品种，小、中班尽量选择成熟周期比较短、成长特征较为明显的植物，大班选择成熟周期长的品种。小班种 2 个品种，中班和大班至少种 4 个品种。幼儿通过体验播种、施肥、浇水、除虫、拔草和收获等农耕活动，了解农作物生长的过程以及植物与泥土、空气、阳光及水等要素的相互关系，学习按照科学的方法照顾农作物，感受大自然的奇妙之处，学习与自然和谐相处。

2. **暖棚育苗区**。暖棚里提供育苗管道、育苗盆，通过观察种子发芽、长叶等现象，幼儿能直观地感受植物的生长和生命的神奇，知晓光、温度、水等因素对植物的作用。

3. **介质栽培区**。提供土壤介质不一样的 4 块试验田,教师和幼儿一起研究每块试验田土质的特点,并选择适合播种的农作物,种植后观察并记录生长情况,从而感知土壤对植物生长的影响,激发幼儿对我国不同地方土质特点的探究兴趣。

4. **水培区**。利用走廊空间建设管道种植水培系统,种植各种应季的蔬菜,使幼儿通过种植活动熟悉上海各季节的应季蔬菜。或在相同时间种植不同的植物,观察、对比不同植物的根系;或在不同时间种植相同的植物,观察植物的生长变化,深入了解植物的生长变化规律。

5. **中草药种植区**。各园区根据场地大小不同,开辟了不同面积的中草药种植区,种植生活中常见的中草药,如蒲公英、枸杞、菊花、金银花、薄荷

图 2-13　暖棚育苗区

图 2-14　农耕体验区

图 2-15　水培区

图 2-16　中草药种植区

等。幼儿通过看、闻辨别中草药的气味，获得感官上的愉悦，增强了感受力；通过采摘、晾晒、收藏、分享中草药，制作驱蚊香包，配制降火茶等活动了解到有些植物具有保健、治病作用。

6. 垂直种养区。各园区都搭建了绿植长廊，栽种了藤本植物，如紫藤、爬山虎、凌霄等。盛夏园区根据场地特点还建造了植物绿墙。各园区走廊里都设有苔藓植物墙。多样化的生态环境帮助幼儿了解丰富多样的生态系统。

（二）草地果林区

该区域包括幼儿园草地、林地、花园和灌木丛。教师对该区域原有的资源进行调查，梳理资源种类，观察幼儿对环境的兴趣，倾听幼儿提出的问题，以此来完善和丰富种植品种。在草地果林区，幼儿还对自然光、空气、声音和风等自然现象产生兴趣，也关注来园栖息的鸟类、昆虫和动物。

图 2-17　花园　　　　　　　　　图 2-18　林地

（三）沙水区

在各园区沙水区域都有沙池和水池，教师在改造环境时倾听幼儿想法，在沙池增加了喷泉；在沙水区域设置专门的材料库，与幼儿一起搜集材料并分类摆放各种低结构材料和多用途的玩沙玩水工具。工具分为四大类：一是各种模具、器皿；二是用于建构和链接的材料，如水管、木片、石头、竹片；三是各类工具，如铲子、耙子、水壶、筛子等；四是水渠组合套装。鉴于幼儿和教师的活动情况，我们又补充了生活废旧类材料和游戏材料种类，支持

图 2-19　水池

图 2-20　沙池

幼儿用感官探索沙水，积累创造经验。

（四）生态教育区

　　这个区域主要包括小溪、池塘，在环境改造时倾听幼儿的想法，增加了瀑布、小溪、喷泉，投放了软管、水泵、淋浴等设备，幼儿在这里可以倾听瀑布的声音，在水坑里踩水，在溪水中捞落叶，在溪水边为小鸭子建家。这个区域还包括养料小片区，幼儿可以在此收集落叶、菜叶、果皮、蛋壳、咖啡渣等厨余垃圾，观察在细菌的帮助下垃圾变成肥料的过程，同时将肥料用于耕种。这个区域还提供水质检测和净化水的材料，幼儿可收集雨水并对其进行净化，我们设置这个区域的目的是让幼儿通过可以感知到的环保设施来了解资源的再生和利用，萌发环保理念，掌握人与自然和谐共处之道。

图 2-21　瀑布

图 2-22　小溪

（五）气象体验区

种植与天气息息相关。我们设立气象体验区，希望幼儿关注和了解日常天气状况，鼓励幼儿在户外感受每天天气的不同，体验晴天的暖阳、大风吹在脸上、春天的温暖舒适、冬天的刺骨寒冷，也鼓励幼儿尝试通过现代信息技术和实验的方式观测风力、风向、雨量，不断积累相关经验，感受常见的天气特点及其对人们生活、动植物生长变化的影响。

（六）动物饲养区

班级饲养的小鸡、小鸭长大了，迫切需要更大的生存空间，因此幼儿园的保安、教师和幼儿一起动手在户外安置了小屋或栅栏，把小鸡和小鸭搬到户外。我们也鼓励幼儿在天气好的时候把班级饲养的鹦鹉、兔子和仓鼠放到动物饲养区，方便全园幼儿观察，也方便教师利用全园的动物资源开展教学活动。幼儿园池塘和小溪处还饲养了鱼和龟等水生动物。教师根据饲养的动物引导幼儿采用灵活多样的形式记录饲养的过程、动物的状态和变化、动植物之间的关系等等，提升幼儿的表达能力。幼儿从饲养动物开始了解生命，进而珍爱生命。

在创设以上户外环境时，我们注重以下几个方面：

1. 提供丰富多样的植物和动物生态系统

在蔬果种植区，每块菜地被划分成若干区域，种植不同种类的蔬果蔬菜，有粮食类的、叶菜类的、球茎植物类的。花园里种有在不同季节开的花，还有生长在不同环境中的植物，如水生植物、多头植物和球茎植物。草地果林区有果树、灌木丛和草坪地被。我们发现多样化的环境能满足幼儿探索的愿望，并激发他们的想象力。

我们还鼓励各园区根据园区环境的特点设置个性化区域，和幼儿一起进行环境改造和升级，通过与幼儿谈话、鼓励幼儿记录自己喜欢的科农基地的模样，在创设户外环境过程中进行综合考量与采纳，支持幼儿成为环境创设的参与者；还通过倾听、观察、记录幼儿的需求，不断调整、完善科农基地的环境与提供的材料。

2. 创设吸引感官的自然环境

中草药区有芳香类草本植物如薄荷、薰衣草和迷迭香，草地果林区有桂花、樱花，幼儿可以在盛开的花朵和草药园中闻到不同的香味；在环境改造时增加瀑布、小溪、喷泉，投放软管、水泵、淋浴等设备，幼儿可以体验在水坑中踩踏，在沙池里挖沙子，触摸植物、泥土和沙子的乐趣；开辟饲养区，让幼儿饲养小动物，也关注来园栖息的鸟类、昆虫和动物。大自然令幼儿感官愉悦，幼儿通过观察、嗅闻、触摸、品尝等方式来认识世界，开启了科学探究之旅。当幼儿吸收周围丰富的感官信息时，大脑通路之间也在建立联系，这将成为他们一生的经验和学习的基础。

3. 提供自然性低结构材料

提供一些自然物品，如羽毛、石头、木块、树桩和树枝等，让幼儿探索、移动和使用，从而创造出一些建筑物。允许幼儿自主选择新的自然元素并把这些元素引入材料库，及时检查这些物品的安全性，确保不会有尖锐的边缘，避免造成任何严重的伤害，鼓励幼儿在游戏中自主使用它们。

4. 聚焦幼儿需要的工具支持

户外自然探索需要为幼儿提供丰富的、可操作的探究工具，让他们能运用多种感官、多种方式进行探索，激发幼儿探究的兴趣，支持幼儿探索与发现。我们在专门的工具区投放了六大类工具，分别是观察工具、种植工具、照料工具、实验记录工具、农具和其他工具，如表2-2所示。

第一类是观察工具。在户外自然探索活动中，观察是最基本也是最重要的一项活动。幼儿使用工具观察动植物时，能更聚焦特征、变化，更准确地观察细节。工具支持能帮助幼儿收集更多信息。观察工具也应适应幼儿的年龄特点，如放大镜比较适合观察明显的特征，适合小班幼儿；昆虫观察器便于幼儿对捕捉到的昆虫进行持续一段时间的观察，能支持幼儿观察到昆虫的局部细节特征，适合中班幼儿；中大班幼儿需要对事物和现象前后的变化进行观察比较，高精度的观察工具及信息化技术，如电子显微镜更适合这个年龄段。

表 2-2　户外自然探索工具区材料

序号	类别	工　具	
工具区	1	观察类	放大镜、录音放大镜、显微镜、野外望远镜
	2	种植类	平头安全铲子、耙子、叉（包括小号和大号套装）
	3	照料类	安全剪刀、平头镊子
			浇灌洒水壶、喷水壶、水桶、瓢、大小不一的勺子、自制浇水器
	4	实验记录类	比较测量工具：数字记号测量卡、硬尺、软尺、天平、筛子
			实验器材：趋光盒、镊子、防护眼镜、量杯、试管、滴管、标本盒、昆虫观察盒、不易破碎手持镜子、分类托盘、塑料杯
			记录工具：录音盒、记录板、插牌、纸、笔、仿真照相机、空相框、标本袋、标本盒
			工具书：动植物识别卡、动植物百科全书
	5	农具类	石舂、石磨、筛子、箩筐、晾晒架
	6	其他类	PVC管、软管、麻绳、布条、扭扭棒、剪刀

第二类是种植工具。我们在工具区准备了适合不同年龄段的小耙子、小铲子等。教师倾听幼儿的想法，了解幼儿想种什么，支持幼儿通过投票、询问有种植经验的能手确定种什么，鼓励幼儿亲自动手种植。大年龄段幼儿参与全部种植工作，小年龄段幼儿可以完成部分工作，如翻土、递送工具、种

图 2-23　种植工具

图 2-24　工具和材料

子、浇水、搭架子。幼儿在使用工具的过程中既能满足动手操作的需求，又能提升科学探究的能力。

第三类是照料工具，有用于浇灌和修剪的工具。根据用途的不同，工具呈多样化，比如洒水壶出水口大小不同，壶嘴长短也不一样，还有传统的舀水工具——瓢，以及大小不一的勺子，幼儿可以根据植物对水分的要求选择不同的洒水工具，感受水流大小和出水口大小的关系。我们鼓励幼儿一起参与收集生活中可以舀水的各种各样物品。我们还投放了幼儿自制的浇花器，让幼儿明白自己动手能改变生活。

第四类是实验记录工具，包括比较测量工具、实验器材、记录工具和工具书。我们支持幼儿自主选择工具，根据研究的问题使用实验、记录发现、查找资料等科学方法进行探究，支持幼儿记录植物的生长变化，推理、总结自己的发现。

第五类是农具，鼓励幼儿探索种子播种、发芽、长高、开花、结果、收获整个过程，使用农具类工具解决收获、腌制、储藏过程中遇到的问题，感受生活中的科学。

第六类是其他工具，主要包括各种材质的材料，支持幼儿一起参与搜集，根据探索的需要不断丰富材料品种。

第二节　家园社联动，让科学启蒙教育无处不在

《幼儿园教育指导纲要》指出："幼儿园应与家庭、社区密切合作，综合利用各种教育资源，共同为幼儿的发展创造良好的条件。"家庭是幼儿接受科学教育的重要环境和有效场所，而社区的物质环境和精神氛围为幼儿接触社会打开了一扇窗户。社区中有很多适合开展幼儿科学启蒙教育活动的设施和

场所,如植物园、动物园、科技馆、电影院、图书馆等,这些不仅为幼儿提供了丰富的学习内容,也提供了宽松的学习环境。利用社区资源进行幼儿科学启蒙教育,是对家庭、幼儿园科学教育的重要补充。

一、让家庭成为幼儿科学素养的孵化器

对幼儿来说,家庭比任何完备完善的教育机构都重要。开展科学启蒙教育,我们要回到原点思考家庭教育和幼儿教育之间的关系,家庭教育不应只是协助幼儿园教育工作,家庭教育与幼儿园教育是不可分割的有机体,可以携手起来相互配合、互相促进。科学启蒙教育要把幼儿、幼儿家长、教师的目标、愿望、观点交织在一起,课程实施就是共同活动的过程。

张江经典幼儿园 90% 以上的家长具有本科及以上学历,有先进的教育理念,十分关心幼儿的教育问题,能主动学习儿童心理方面的知识,具备科学育儿的能力和方法。张江经典幼儿园家长普遍态度积极、主动,愿意在幼儿的教育上花费时间、精力和财力,并且十分支持幼儿园开展幼儿科学启蒙教育。同时,张江经典幼儿园 75% 的家长都在张江高科技园区从事与科技有关的工作,他们中许多人本身就是通过奋斗获得成功的典型。不断学习、不断研究、不断进取的态度,实事求是、追求真理、敢于挑战、勇于坚持的科学精神经由家长在潜移默化地影响着幼儿,成为科学启蒙教育、人文教育的极好载体。在通过科学启蒙教育促进幼儿成长这一主题上,幼儿园和家长找到了共同的目标和教育融合的连接点。可以说,张江经典幼儿园家长是开展幼儿科学启蒙教育的中坚力量群体,是幼儿园教育工作的坚定支持者和合作者。

案例:

一颗青菜的逆袭

某一天吃饭,妈妈把筷子伸向青菜的时候,诚诚问:"妈妈,大青菜是怎么种出来的呢?"妈妈说:"是从菜苗苗长起来的呀。"诚诚又问:"菜苗苗要怎样才能变成大青菜呢?"妈妈说:"妈妈也不清楚,不如我们种菜试试看

吧。"于是妈妈买了种子，和诚诚一起种下青菜种子，每天观察青菜的生长，看看叶子有没有变大、青菜长高了多少。

经过一个月的照料，青菜长出了 5 片叶子，大概有 4 cm 高，诚诚更期待青菜继续长高了。一日，诚诚看到花瓶里的绿萝，问妈妈："妈妈，为什么不能把青菜也种在花瓶里呢？"妈妈趁机给诚诚科普了水培植物和土培植物两个概念。

接下来的一周，诚诚觉得青菜在阳台上会冷，决定把青菜搬到房间的桌子上，结果这一周青菜只长高了 1 cm。于是妈妈和诚诚一起学习了万物需要阳光的知识，诚诚又把青菜放回阳台的花架上。

没有想到接下来连续一周都下雨，本想进行对比实验的计划泡汤了。眼尖的诚诚有了新发现：两片叶子簇拥着新嫩芽，现在有 7 片叶子了。诚诚说：有了雨水的滋润，青菜也能长得更好。

接下来的一周，太阳出来了，恰逢霜降节气，奶奶给诚诚科普霜降节气后青菜更好吃的小知识，于是诚诚更期待自己的青菜快快长大了。

又过了一些日子，青菜可以收获了，但诚诚并不舍得把青菜给炒了。奶奶跟诚诚分享青菜过冬的好办法，计划着要把青菜移到泡沫塑料箱里。

在案例"一棵青菜的逆袭"中，家长支持幼儿播种青菜种子，在观察和养护过程中陪伴幼儿。当幼儿要把青菜从阳台移到客厅时，家长支持幼儿去试一试，幼儿探索植物生长的过程，观察、期待、尝试、遭遇意外、收获惊喜，这些经历比直接获取知识更有意义，也给了家长很多感受和体验，因此家长和孩子一起把这段课程故事记录在了《一颗青菜的逆袭》亲子观察日志里。教师对此给予了如下的回复："作为一位陪伴幼儿成长的教育者，当我们将一天、一年的节奏与幼儿生活的节奏相协调时，就能把陪伴者的工作做到最好。"基于儿童视角的幼儿浸润式科学启蒙教育就是教育者与他们共同生活的过程，是为教育过程中所有参与者共同幸福而进行的有意义的活动。

家长与幼儿园还结合中国的二十四节气，一起带领幼儿探索季节与种植和人们生活之间的关系，如立春时节探寻春意、谷雨时节尝春茶、芒种前后收集雨水等，让幼儿在生活中感知科学、亲历科学；带幼儿走近自然，开展家庭种植，和幼儿一起观察、记录、调查，亲历发现的过程，在探索中成长，在提高思维品质的同时培养幼儿求真、坚持、求异等科学态度以及对科学的崇敬之心。

二、让社区成为幼儿科学启蒙的体验场

除了家长资源，张江经典幼儿园所处的张江社区不仅有着无与伦比的区位优势，更有着极为少见的组织优势，二者融合形成了得天独厚的幼儿科学启蒙教育环境优势。

张江社区是上海先进的高科技园区，不仅有如集成电路企业、软件园区、制药企业等众多高科技企业，还有著名高等院校和许多产业化实践基地，比如大飞机产业、超级计算中心、动漫产业等。这些环绕在周边的社区资源让幼儿能够切身地体会到科学与生活的紧密联系，在幼儿的心灵中深深打下追求科学的烙印。

社区内还有着多种多样的科学教育场所，如集成电路科技馆、上海计量科普教育基地、上海 LED 成果展示厅、智慧之园体验馆、现代农业示范园、动漫博物馆、上海海派连环画中心、张江当代艺术馆等，这些都是对幼儿开展生动活泼的科学启蒙教育的最佳场所。

除此之外，还有张江科技文化节、中医药科技文化节，这些节日以独特的方式对幼儿施加潜移默化的影响，成为建设幼儿科学启蒙课程的又一个重要抓手。

除了无与伦比的科学教育环境资源，更重要的是张江社区政府对科学教育的重视和有力支持。一项项具体措施使家庭、幼儿园、社区"三教合一"的设想得以逐步变成现实，使张江的潜在科学环境变成了实实在在建设幼儿科学启蒙课程的优势，主要体现在以下方面：

- 将该项工作纳入政府日常工作计划，并列为年末考核内容；
- 在财政经费方面大力支持；
- 为幼儿科学启蒙教育开展提供全方位的支持，如发放张江科普参观护照；

- 对幼儿园上报的各种社会实践活动尽可能地给予支持；
- 鼓励社区内各企业对幼儿园开放，并为该项工作创造尽可能多的条件；
- 由社区出面成立张江地区中小幼学校科技教育联盟，充分利用社区内各高科技企业、科研单位、高校的资源和优势，帮助中小学、幼儿园强化科技教育，实现优势互补。

借助社区开展幼儿科学启蒙教育打破了幼儿园的围墙，带领幼儿走进张江科学城科探基地、张江科学城中小幼科探活动室、张江社区公共绿地开展科学探究活动，拜访科学家叔叔，参加环东村"非遗"文化节，亲历科学的神奇魅力，培养幼儿发自内心地热爱社区的情感，引导他们热爱社区的自然与文化环境，并立志来创建新的社区。

（一）将主题活动拓展到社区基地

张江经典幼儿园位于张江高科技园区，周边有着丰富的科教资源，我们将主题活动拓展到社区基地，能更好地丰富和完善主题活动内容，充分满足幼儿发展的需要。

如幼儿在"我是中国人"的主题活动中对中国的民间艺术都很感兴趣，而皮影戏是我国民间优秀的传统艺术表演形式，它集说、唱、演为一体，具有深厚的艺术内涵和文化价值，皮影表演更是环东村有名的非物质文化遗产。因此，结合环东村地域优势，教师将"有趣的皮影戏"这一活动拓展到位于环东村的皮影戏博物馆来实施。活动一开始，由皮影戏博物馆的老师为孩子们表演《鹤与龟》皮影戏，幼儿真真实实地看了一场皮影戏演出，了解皮影戏台前幕后的各个环节，更加深刻地感受到中国传统艺术的深厚文化底蕴。活动之后，教师鼓励幼儿将感兴趣的绘本、身边的故事改编成皮影戏，在班级里尝试表演，邀请幼儿担任小小"非遗"宣传人，在学校、家庭和社区进行宣传，让更多的幼儿了解张江社区文化。

又比如，在开展主题科学活动"了不起的中医药"过程中，张江经典幼儿园组织幼儿参观中医药大学博物馆。博物馆工作人员带幼儿来到针灸区，幼儿对针灸人充满了兴趣，争相提出自己的疑问："这个假人身上为什么有这么多点点?""中医针灸是怎么治病的?""这个针灸人有什么用?"……幼儿在日常生活中很难看到针灸人，因此他们充满了好奇。此时，教师鼓励幼儿动手去触摸一下针灸人，观察针灸人上面的穴位，观看讲解录像，并鼓励幼儿向场馆工作人员咨询、提问，积极进行思考。幼儿们提出的疑问有"我们身上的穴位在哪里?""穴位有什么作用?"等，这些问题能帮助教师了解幼儿的兴趣点，从而更有针对性地满足幼儿的探索需求。

我们在开展主题活动时，会考虑主题内容与社区资源可整合之处，使主题内容富有张江地域特色，同时能贴近幼儿的生活和实际经验，支持幼儿通过身临其境充分体验和感受，改变了幼儿的学习方式，激发了幼儿的探索兴趣。

（二）活用社区资源，开展丰富的科学探索主题活动

在幼儿熟悉、亲近的社区中开展渗透式科学启蒙教育，不仅是对幼儿园科学启蒙教育的补充与支持，更增强了社区科学教育的原动力，同时也对幼儿园科学启蒙教育起到了激励的作用。

比如，张江社区为了体现高科技园区的特色，在社区中发挥高科技人员的优势，组织开展了社区科学活动，活动中邀请商飞基地的科学家和幼儿一起互动，让幼儿在活动中感受到了飞机的奥秘，把科学与人们的生活联系了起来，同时还组织孩子们用可乐瓶自制飞机模型、用酸奶瓶自制发电小火箭等。张江社区还邀请了孙维新教授把"科学这件事"以脑洞大开的逻辑理念、轻松趣味的表达方式讲述给数以万计的亲子家庭，让科学原理摇身一变成为幼儿生活中可触摸、可尝试、可认知的事物。社区活动中，家长带幼儿做了许多简单易懂的科学实验，使幼儿增长了科学知识，同时也提升了亲子相处和谐度。活动不仅让社区中的幼儿得益，也为张江经典幼儿园开展科学启蒙教育提供了良好的环境。

此外，张江社区拥有得天独厚的场馆资源，如展讯集成电路博物馆、中医药大学博物馆、动漫博物馆、孙桥现代农业园等，为张江经典幼儿园开展科学启蒙教育提供了保障。张江经典幼儿园充分利用张江社区的科学场馆资源，发挥其幼儿科学启蒙教育功能，比如通过带幼儿实地参观中医药大学博物馆，使幼儿在看、听、摸、问的过程中对中医产生兴趣，萌发作为中国人

的自豪感。

此外，张江社区周边还有丰富的工厂、企业资源，比如超级计算中心、浦东自来水厂、弗徕威智能机器人（上海）科技有限公司、展讯通信有限公司、浦东现代有轨交通有限公司。张江经典幼儿园借助工厂、企业中的科学启蒙教育资源开展科学启蒙活动，如实践基地参观、体验活动，邀请厂企工作人员来幼儿园开展相关的科学活动。

比如，为了让幼儿了解有轨电车的作用和构造，我们带幼儿到浦东现代有轨交通有限公司张江有轨电车站点参观有轨电车。有几个幼儿蹲在电车旁问："为什么有轨电车有了轨道，电车的轮子还需要轮胎？""地上的轨道为什么和火车轨道不一样？"有几个幼儿围着有轨电车好奇地问："有轨电车头上怎么有根鞭子一样的东西？有什么用？""有轨电车车门上红红的按钮有什么用？"还有几个幼儿问："有轨电车有两个车头，司机坐在哪一头？""有轨电车的玻璃像镜子一样，为什么外面看不见里面，里面能看清楚外面？"……

幼儿对于有轨电车产生了很浓厚的兴趣。于是，教师组织幼儿把问题归类，并将问题记录在记录板上。幼儿跟着工作人员近距离地参观有轨电车，从里到外、从前到后仔仔细细地观察，在参观过程中主动找工作人员解决自己的疑惑，不时将获得的信息和答案记录在记录板上。

工厂、企业拥有丰富的人才资源和科技资源，厂企活动能弥补幼儿园科学启蒙教育的不足，帮助解决幼儿园开展科学启蒙活动的困难，全面提升幼儿园科学启蒙教育水平。比如在此案例中，通过实地参观、触摸感知有轨电车，幼儿对有轨电车的认识更加具体；厂企工作人员相比教师更权威的介绍和答疑，让幼儿的探究的兴趣得到了充分的满足。在张江社区周边厂企的人才资源、科技资源都是高科技社区的特色资源，积极挖掘高科技特色资源能拓展幼儿园科学启蒙活动的空间对幼儿园科学启蒙教育开展、教师和幼儿科学素养的发展都起到积极的推动和引领作用。

（三）幼小衔接，助推幼儿适应下一阶段的学习和生活

根据《教育部关于大力推进幼儿园与小学科学衔接的指导意见》（教基

〔2021〕4号）和上海市教育委员会关于深入推进本市幼小科学衔接工作的实施意见（试行）(沪教委基〔2022〕33号）要求，张江经典幼儿园积极开展实践研究，通过幼儿园与小学结对，协同合作、主动对接，减缓幼小衔接坡度，促进幼儿通过科学探究行为培养科学思维，促进从幼儿园到小学的顺利过渡。

经典幼儿园与张江高科实验小学相邻而坐，共用一堵围墙，开展过观课、"看半日"、小学老师进课堂、小学生答疑、采访小学班主任等幼小衔接实践活动，还通过联动教研共同学习科学教育标准，共同解读幼小衔接的核心目标和关键经验。

将小学与幼儿园的课程目标进行比较，可以发现科学探究目标主要包含情感态度、方法能力、知识经验这三个维度。在目标的引领下，我们根据幼儿特点，通过策略优化逐步让幼儿通过科学探究走向科学思维。

我们通过回访一年级小学生和教师，发现小学中师生间的距离从面对面逐渐变成传统的"秧田式"，这种转变虽然有利于课堂教学效率的提高，但也容易造成一年级小学生的不适应。因此我们提出在幼小衔接期间，小学教师尝试以平视的视角与小学生展开对话、适当减少课堂上学科知识的容量，有助于建立良好的师生关系，帮助小学生更快地适应小学的课堂教学。我们还围绕关键经验开展多轮幼小衔接联动研讨，共同聚焦儿童的学习方式，设计科学探索活动，做好衔接工作。

案例：

滑行小车

"滑行小车"是一堂以"搭建一辆能够滑行更远的小车"作为挑战任务的幼小衔接科学活动。活动以简单的积木零件为学具，指导幼儿通过模仿搭建、对比实验、测试优化等步骤制作一辆能从坡顶自由向下滑行的小车模型，并在活动过程中比较车轮造型、摩擦阻力等因素对车辆滑行距离的影响，经过测试和迭代，最终完成符合预期的作品。

整个组织实施共有五个环节：

第一环节：课堂引入。教师提供图片资源，引导幼儿观察小车的基本造型，导入幼儿已有生活经验。

第二环节：搭建小车。引导幼儿借助搭建手册和搭建样例完成小车模型的基本搭建，并熟悉小车构造，了解让小车开动起来的因素。这一过程中，幼儿会主动猜想"我的小车能不能顺利开起来"，借此发展预测能力。

第三环节：实验对比。在多次实验中，幼儿通过反复比较，探索影响小车滑行距离长短的可变因素，促进科学思维中对比能力的发展。

第四环节：优化改进。幼儿利用在上一环节中发现的规律和经验改进自己的小车模型，随后通过赛车游戏再次对小车构造加以改进、调整。这一环节中幼儿不仅用到了已有经验，还通过"试一试"发展了科学思维中的应用能力。

最后环节：课堂总结。这一环节中围绕自己对小车模型的优化改进过程，和教师共同总结本次活动中学到的科学知识和研究方法，通过"记一记""说一说"提升归纳能力。

由此可见，幼儿园科学探究活动中常用的"猜一猜""比一比""试一试""记一记""说一说"等探究实践方法在小学科学探究活动中也得以体现。教师创设了"如何搭建一辆能够滑行更远的小车"的问题并将之贯穿于探究活动全过程，探究活动以解决问题为最终目的，让幼儿在问题情境中探索、体验、感知、发现、交流，在活动的过程中培养幼儿主动探究与学习的能力，充分体现幼儿在探究活动中的主体地位。根据张江高科小学的中草药课程，我们和小学还一起设计了相关活动项目，以走进张江高科小学中草药科普馆的形式开展活动，邀请小学生、小学教师、幼儿园教师、中医药大学学生一起参与，形成探究小组，共同探索中草药的奥秘。

上述家庭、幼儿园、社区共同参与和设计的科探活动不仅培养了幼儿科学探究的兴趣，帮助幼儿积累了丰富的科学探究经验、掌握了一些简单的科学探究方法，还能为他们进入小学，参与更加系统、规范的学习打下基础，同时也能更高效地促进幼儿科学思维的发展。这些联动更指向幼儿未来的适应性，包括对学习品质的培养和对下一个阶段生活的预先熟悉。

浸润式幼儿科学启蒙教育的
活动开展

第一节　浸润式幼儿科学启蒙活动的多元形态

浸润式幼儿科学启蒙活动有着多元的形态，包括科学探究集体教学活动、一日活动中随机渗透的科学启蒙活动，还有基于户外游戏、种植和饲养活动等开展的科学启蒙活动。此外，张江经典幼儿园还设计开展了"科学月"活动。多元形态的科学启蒙活动为幼儿提供了丰富的科学启蒙经历与体验。

一、科学探究集体教学活动

科学探究集体教学活动是教师结合幼儿科学探索领域的发展目标，基于幼儿生活中常见的材料、现象，通过有趣的环节设计，指向激发幼儿科学探究兴趣、培养科学探究品质的集体活动。

案例：

推不倒的朋友（中班）

"推不倒的朋友"是根据幼儿非常喜爱的玩具不倒翁生成并设计的。活动从日常抓拍到的幼儿玩不倒翁的小视频引出"为什么不倒翁推不倒"这一问题，而此刻幼儿面前的不倒翁却"倒地不起"。

在随后的探索中，教师搜集了班级材料库中的材料，提供了棉花、大号螺母、大号玻璃弹珠、橡皮泥等。第一次操作：教师让幼儿自主探索，并提示：1. 选择桌上的材料试一试。2. 将不倒翁拼装起来。操作后，师幼一起观察拼装后的不倒翁，发现有的能站起来，有的不能。在能站起来的不倒翁中，有的一碰就再也直不起身。通过比较，幼儿发现了不倒翁内部的不同，"肚子"里放比较轻的材料，不倒翁就站不起来。第二次操作：幼儿在第一次实践经验的基础上，知道要在不倒翁里面放较重的材料，纷纷动手进行尝试。在第二次操作后的交流分享中，教师引导幼儿提出自己的困惑，如"为什么放了较重的材料，但是不倒翁还是没有站起来"的问题。通过再次观察比较和分析，大家发现原来较重的材料，如橡皮泥、螺母等，一定要固定在不倒翁"肚子"的正下方，这样，不倒翁才会百推不倒。

教师与幼儿在熟悉的环境中开展科学探究，有助于幼儿积极探索并与环境、材料充分互动，在探索过程中感悟科学，积累知识、经验。如"推不倒的朋友"这一科学探索活动，内容来源于幼儿的兴趣点，活动设计从幼儿喜爱的玩具入手，鼓励幼儿除了使用活动提供的材料，还可以充分利用教室内可以找到的所有材料，满足幼儿在探究中对不同材料的需求，让每个幼儿都能在熟悉的环境中亲身体验科学探究的乐趣，在探究过程中加深对"重心"的理解，感悟科学的神奇，培养学习兴趣，增强了幼儿的动手能力。

二、户外场域中的科学启蒙活动

户外场域中具备丰富的自然物质和科学元素，无论是花草树木、沙石泥土，还是风霜雨雪，都可能成为幼儿科学探索活动的切入点。

案例：

雨天的快乐

雨长什么样?

最近总下雨，为了让小班幼儿感受到雨天的自然景象、雨的变化与雨天的快乐，我和家长们约定，让孩子们穿上雨衣、雨鞋，撑着小雨伞到雨中走走、看看，感受雨的魅力，在与雨的亲密接触中有更多的发现。

在老师的帮助下，幼儿都穿上了雨衣、雨鞋，有的撑着雨伞，三三两两在雨中漫步。

幼儿最先关注的是雨滴流淌到雨伞表面、雨衣表面的形态，并说出了他们的发现。

君君："现在雨下得小小的，我的雨伞上有点湿。"

静静："我穿着雨衣，雨进不来。滴答滴答，下雨了……"静静和凝凝在一起念起了好听的儿歌。

程程："雨淋不到我身上，地上湿湿的。"

此时雨非常小，幼儿感受到雨滴落在伞上、雨衣上、地面上，这些地方有点湿。似乎都没有听到雨声。

兴奋的幼儿还在雨中把学过的好听的儿歌齐刷刷地念了出来。

雨滴落在哪儿?

芷仪："快看，小雨点在滑滑梯。"

宣儒："老师，你看呀! 小雨点从……上面滑下来了。"

思思："嗯，小雨点也会滑滑梯的。"

颖颖："滑滑梯的楼梯上有一个个小洞洞，雨掉到洞洞里去了。"

子豪："雨是落到下面的小草上了。"

格格（摸摸旗杆旁的扶手）："栏杆湿了。"

宇宇（低下头，看着旗杆这边的地砖）："这边好亮啊! 像镜子一样。"

诚诚、浩浩、颖颖、格格都凑过头来："哎! 让我照照。"他们清晰地看到了自己的影子，都满意地点头。

攀登架两边站满了孩子。

皓皓："快看!（皓皓手摸攀登架上面的木条间）这儿也有雨水了。"

这个发现让其他孩子都很惊喜，大家用小手摸摸攀登架上的长木条："嗯，木头都湿了。""我的手也湿了。""小网也是湿的。"

接 雨 水

刚开始，有的幼儿尝试用手接雨，他们发现自己的手马上变得湿漉漉的，可雨水却从手指缝中漏掉了。

看到小伙伴选了塑料盆接雨，许多幼儿都去拿了一个。

芷仪："春旗，你的盆歪了，雨滚掉了。我把盆子放平，接到雨了。"

浩宇："这个小盆太平了，雨掉在盆子里又滚掉了。"

子豪："这个大盆一下子能接好多雨。"

一阵风吹过来，把心宇撑的雨伞吹落了，雨伞的伞柄朝上。宣宣、泽浩都围过来。"唉，我的伞里有好多雨。"心宇快乐地叫嚷着新发现，"雨伞倒过来能接好多雨呢！"

雨季的到来给幼儿带来了探索的机会。在接雨的过程中，幼儿发现：盆放平能接到雨；太浅的盆即使雨点滴落在上面也很容易滑掉；大的盆接到的雨多，偶尔吹落的雨伞接到的雨也多；伸出小手直接接雨，雨点落在手上会有湿湿的、凉凉的感觉，但雨都从手指缝里"溜走"了，手是"抓"不住雨的。

几天之后，雨再次光临，这次爸爸妈妈带着孩子们来到了雨中。有了前一次的探索经验，这次孩子们的发现更多了。

有的幼儿发现：地面上凹进去的地方变成了小水坑，穿着雨鞋踩进小水坑，雨水都飞起来了；有的幼儿发现：雨点大时落在玻璃瓶上能听见"叮、叮"的声音，小雨点像在唱歌；有的幼儿发现：风一吹，雨点斜斜地飘……

活动让家长们也有了新的认识，他们不再阻扰雨中的活动，而是赞同老师让孩子们亲近自然。他们看到，在大自然中孩子们会有更多的发现，这些发现来自他们的亲身经历。

案例：

影子能分开吗

餐后，老师组织幼儿散步，幼儿情不自禁地哼唱着"影子总是和我在一起"。

"影子真的一直和我在一起吗?"一名幼儿忽然问道。这个问题引发了幼儿之间的讨论:"你看呀,影子是和脚连在一起的啊。""歌里也这么唱,肯定没错的。""我觉得肯定有分开的时候。""不对,我看到的影子都是和脚连在一起的。""有人才有影子,所以影子和我在一起。""我们的脚踩在地上,影子就在地上躺着,所以影子和人就是连在一起的。"……

当其他幼儿都坚持影子和脚是连在一起的时候,一名幼儿仍然坚持反对,于是向老师求助:"肯定有分开的时候,老师你说对吗?"

"你们说的都有道理,但是,我现在看到的影子是和脚连在一起的。"老师只是描述了自己看到的现象,没有给予任何一方肯定或否定。

于是幼儿们继续着讨论:"对,除非你让我们看到影子和脚是分开的。"

一名幼儿说:"看我的。"说着立马来了个倒立。

幼儿大喊起来:"根本就没有分开。""你的手和影子连起来啦。"

老师哈哈大笑之余,给了这名倒立的幼儿一个大大的赞,说:"好厉害,影子和脚真的分开了。"

"能不能和手也分开呢?"幼儿又向同伴"宣战"。

"我去试试。""好像跳绳的动作可以。"……幼儿七嘴八舌地在操场上嚷嚷开了。

"我可以的,看!"话音未落,这名幼儿从地上一跃而起。

"跳起来真的可以和影子分开!"操场上到处都是幼儿蹦跶的身影和欢声笑语。

影子常常伴随着我们,但在日常生活中幼儿并没有留意到它的存在,教师通过猜谜和有意识的体态动作,即在有阳光的操场上走来走去,引起了幼儿对身边最常见也最容易被忽视的"影子"这一科学现象的强烈好奇心,从而产生了认识影子的兴趣。

案例：

沙子的秘密

初遇沙

第一次带小班的孩子们去沙水区活动，孩子们格外兴奋。

笑笑激动地说："我等下要用沙子把小车装得满满的。"

妮妮问我："我可以光脚在沙子上走一走吗？"

我笑着回答妮妮："当然可以！"

幼儿忙得不亦乐乎：有的孩子用铲子把沙子舀起来，放进小桶里；有的则在沙上按手印、随意涂鸦……

活动结束后，我问幼儿："在沙子上走一走、跳一跳，有什么感觉？""软软的、很舒服。"幼儿回答。

笑笑说："走在沙子上面还会留下脚印呢！"妮妮也兴奋地说："我刚才还在沙子上面画了大皮球呢！"

"原来沙子那么有趣……"我刚说了一半，转头却看见晨晨皱着眉头说："沙子一点儿都不好玩，我想用沙子做大皮球，可是不行。"

"沙子能捏成皮球吗？"我把这个问题抛给了幼儿。幼儿争论了起来。我们约定下次玩沙时试一试将沙子捏成皮球。

"失败"和"成功"

心心念念的沙水游戏时间终于到了。幼儿在玩沙时，手里都捏了一把沙。

笑笑难过地对我说："老师，沙子从我手里掉出来了，我没成功。"

其他幼儿也叫了起来："老师，不行啊！"

"我有办法把沙子捏成一个小球。"听到我这么一说，幼儿都瞪着大眼睛看着我。

我拿出事先准备好的一瓶水，将水倒在沙子上，轻轻一捏，手中的沙子变成了一个小球，幼儿兴奋得跳了起来。

妮妮说："你加了水。"

"是啊！沙子遇到水之后，变得湿湿的，可以做小球了。"

干沙和湿沙

"老师，你的手粘上了这么多沙子，怎么办呀？"幼儿紧张地问道。

"想一想，干沙子和湿沙子有什么不一样？"我没有正面回答，而是把晾了一会儿的手拍了拍，沙子纷纷落下。

沙子是幼儿身边常见的物质。小班幼儿初次玩沙，有许多欣喜和发现。幼儿通过小脚踩一踩、小手摸一摸，使感官得到了充分的体验。或许只有小班幼儿才会有"捏沙球"这样的想法。教师通过沙与水的融合，让幼儿从沮丧到欣喜，很自然地将对沙与水的探索推向纵深，不仅提高了幼儿的探究兴趣，还逐步提高了幼儿对周围环境和事物的观察和感知能力。

案例：

转动的风车

风车为什么会转

游戏开始了，晓晨拿出了周末去公园野餐时买的风车。晓晨用手转了一下风车，对贝贝说："你看，我的风车转起来了。"贝贝问："你知道风车为什么会转吗？"这时，晓晨鼓足了气，用力地吹了一下，风车转了起来。晓晨笑着说："我知道风车为什么会转起来了！因为有风！"贝贝说："不对啊，你刚才用手拨了一下风车，风车不是也能转起来吗？"晓晨说："那两个答案都对，用力也可以让风车转起来。"贝贝说："我们再试试还有没有其他的办法。"晓晨说："好！"

谁的风车转得快

晓晨和贝贝开始了新的探索——怎样才能使风车转得快？只见贝贝用力鼓着腮帮子，猛地朝风车吹了口气，使了好大的劲儿，可就是不见风车转起来。她越急就越使劲，风车偏偏和贝贝唱反调，贴着小棒没动静。一旁的晓晨见了，幸灾乐祸地笑了起来，她对着贝贝大声喊道："不是这样的，不是这样的……"说着，她也鼓了一口气，对着风车轻轻地吹了一下，可风车也丝毫没给晓晨留情面，微微转动了几下又没动静了。

贝贝有些不服气："你还不是和我一样，吹什么牛？"晓晨则涨红了脸，什么也没说，埋头心急火燎地又试了起来。见此情景，我走了过去，学着刚才晓晨的样吹了起来："咦，这是怎么回事？我们一起来找找原因。"晓晨对着风车上下打量了一番，忽然茅塞顿开，叫起来："老师，你看！风车的叶子贴着小棒了。"贝贝显得有些羞涩："是我刚才吹的时候太用力了。"

终于，风车唰唰唰地转了起来。贝贝说："我明白了，原来吹风车还有许多学问。"晓晨说："吹风车的时候，力气不能用得太大，也不能用得太小，不轻不重才刚刚好。"贝贝有了新的方法："用手扇，风车也会转。"晓晨也提出了新观点："用书扇几下，风车也会转。"贝贝还是不服气，嗓门也加大了些："这有什么稀奇的，我也会。"晓晨也不认输，想出了用比赛来一决高下："干脆我们到阳台上比一比。"说着，两人飞快地冲到阳台……

风中趣探

贝贝和晓晨的举动引起了大家的关注，还有几个幼儿一起跟着跑到了阳台。只见贝贝和晓晨飞快地在阳台的空地上跑着，她们一会儿跑到东，一会儿又跑到西。

贝贝疑惑道："不对呀，风车怎么有时候会转，有时候又不会转了呢？"

晓晨附和道："是呀，我也发现是这样的，可能是我们跑的方向不对。"

贝贝想起了什么："我走的时候风车转得很慢，跑起来时风车就转得快起来了。"

第二天一大早，晓晨高兴地跑来告诉我和贝贝："老师，我知道了！我知道了！"我问道："你知道了什么？"晓晨告诉我们："风车为什么会转起来，是因为风的动力在起作用，是我妈妈告诉我的。"这时，幼儿纷纷围了上来。

我说道："可是，这些是你们自己的发现。"晓晨和贝贝高兴地说道："哦，我们有了自己的发现喽！我们也可以做发明家喽！"

她们欢呼起来，在接下来的几天里，我总能看见她俩趴在桌子上对着风车吹得满头大汗，或是拿着风车跑来跑去。每一次，我都给予赞扬和鼓励的微笑，同时也不忘留下个"为什么？""还可以怎样？"。

上面这个故事讲述的是幼儿在自主游戏中发现问题、探索问题、解决问题的过程。幼儿的日常生活中蕴涵着无数科学原理。游戏中两个小朋友从问题着手，萌发了怎样才能使风车顺利而又飞快地转起来的想法，经过自发性探索，终于明白了风车转动的原理。

作为教师，当幼儿在活动中发现问题时，不要急于帮他们解决，而是要耐心地引导他们通过自己的观察和操作去发现问题、寻求答案，这样才能激发幼儿的求知欲望和培养他们学习的主动性。作为教师应当敏锐地观察幼儿在活动中的表现和发展潜能，还给他们自由发挥与探索的空间；应该相信幼儿的能力，给予幼儿尝试、探索的机会。

案例：

气球故事

今天是开学周的第二天，教师在操场上开展了以"身体健康沸羊羊"为主题的体育活动，幼儿在操场上玩着自己喜欢的各种运动器具，发生了各种趣味故事。

袁袁："嗨！我们一起来玩气球呀！"

玥玥："我传给你，你再传给我，好吗？"

扬扬："我们来夹球吧！"

香吟："不能夹得太紧，气球要爆掉的。"

杰杰："嘿！你们看，我的气球飞起来了，一直没有掉下来呀！"

此时，一群小朋友都围了上来，抬头张望气球的动向。

　　大班幼儿喜欢探索一种材料的多种玩法，一个气球可以被玩出多种花样，如接抛气球、夹气球、拍气球等。在游戏中，他们也会发现一些新的现象。当教师捕捉到幼儿对气球不掉下来这一现象产生了很大的兴趣时，就采取了"抛砖引玉"的方法，激发幼儿更大的探索兴趣。

　　教师："杰杰，你的气球是怎么飞上去的？"

　　小朋友七嘴八舌地开始说开了："是空气把气球推上去的。""自己飞上去的吧。"……

　　突然，玥玥大声地喊道："老师，你看，我的气球也没掉下来！"

　　此时大家把目光转向玥玥，只见玥玥的头发根根竖起，气球竟然在她的头发旁边悬停着。大家不约而同地鼓掌并好奇地说："玥玥你真有办法！你是怎么让气球停在空中不掉下来的？"可见，幼儿相信有某种办法可以让气球不掉下来，并对其中的原因产生了好奇。

一起来做实验

　　教师抓住幼儿的兴趣和问题，当即引出"静电摩擦"小实验。

　　教师："玥玥的小气球不用手举着也不会掉下来，你们猜猜这是为什么？"

　　天天："我知道气球为什么不会掉下来，因为气球很轻。"

　　汤汤："我看到玥玥的头发竖起来了，应该是头发吸住了气球。"

　　杰杰："我觉得有可能是风推着气球，让它掉不下来。"

　　接着教师介绍"静电摩擦"实验的方法，幼儿开始通过实验来验证各自的猜想。

　　汤汤把气球在自己的毛衣上不停地摩擦，随后轻轻地移开小手，期待着奇迹出现，不一会儿，气球吸附在汤汤的身上，没有掉下来，汤汤一边喊"老师我成功了，老师我成功了"，一边僵硬着身体，一动也不动，生怕气球掉下来。航航则不停地搓着小手，不时用手托举气球，关注气球的动向，当他成功时，他欢呼着道："老师我也成功了！"许多幼儿通过摩擦球的方法，都让气球成功悬停了，于是讨论着其中的原因，并向教师寻求答案。此时教师解释了现象背后隐含的秘密是摩擦起了静电，并鼓励幼儿继续尝试，去找一找还有哪些物体能在一起摩擦起电。

教师抓住幼儿在户外活动中的即时兴趣，由户外体育活动"玩球"引发了"静电摩擦"的科学实验，满足了幼儿对"气球不掉下来"现象的好奇，并激发了幼儿对静电的探究。在开展户外活动时，可以结合一些科学现象对幼儿思维进行引导，多问"你看到了什么""为什么""结果是什么"，还可以引发幼儿猜想、推测，再通过实验来验证猜想与推测。

对幼儿科学品质的培养不在于一朝一夕，而在于长期渗透，体现在幼儿的一日活动中，以及生活、运动、学习、游戏各个领域。教师要引导幼儿积极探索、发现，引发他们对科学的兴趣，使他们感受到科学与生活息息相关，并乐意去探究生活中的各种问题，用科学知识解释生活中的各种现象，从而丰富幼儿的科学知识，培养幼儿好奇好问好探究的品质。

三、基于种植和饲养的科学启蒙活动

张江经典幼儿园开辟种植园地，利用幼儿园林地环境支持幼儿尝试种植植物、饲养小动物、寻找昆虫，了解大自然中各种生命体的特性。幼儿在自然中学习、探索、体验，积累科学知识，他们的感知觉被充分调动，探究欲望也会得到充分满足。

案例：

种植大蒜

幼儿在自然角和种植园中都种植了大蒜。起初，大蒜的长势喜人，经过一次收剪之后，幼儿发现了问题——

"老师你看，大蒜剪过后又长出来了，但是自然角的长得比较快，种植园的却长得很慢，这是为什么呢？"

听了灿灿的话，我也仔细观察了一下。的确，班内自然角的大蒜又长高了很多，但是种植园的大蒜却只长了一点点。

于是，我问道："灿灿发现的这个现象到底是什么原因造成的呢？什么原因导致它们生长的速度不同？"

幼儿七嘴八舌地讨论开了。

乔乔说："我知道，种植园的大蒜没有天天浇水，自然角的大蒜我们天天浇水的。"

航航说："不对，是因为天气冷了，外面比较冷，所以大蒜长得慢；室内比较热，所以大蒜长得快。"

灿灿说："好像都有道理，到底谁说得对，我们试试吧。"

幼儿对自己种植的大蒜非常关心，每日观察得既认真又仔细，还能不断发现各种问题。当他们发现自己有不明白的地方时，就会四处寻求答案。其实，从上述对话中我们可以发现，幼儿对问题已经有了一些思考，也有自己的认识。科学探索注重眼见为实，由此展开的后续实践研究带给幼儿的收获已远远超出"种大蒜"本身。

幼儿园的种植园是幼儿的问题池、试验场，承载着辛勤的汗水和收获的喜悦，但种植园地也并非一直是郁郁葱葱的。遇到问题的时候，正是幼儿探索的好时机。

案例：

小菜园整修记

暑假刚结束，我们班的菜园里一片杂草丛生。我用相机拍摄下班级菜园的现状给幼儿看，还有针对性地让幼儿一起讨论。

孩子们争先恐后地说："先要除草。把草除干净了才能种植我们爱吃的蔬菜。"

"对，要种植，先除草。"

"那怎么除草呢？"

"用铲子呀。"

"怎么使用铲子？请会使用铲子的来说说吧。"

君君说："我会用铲子，用铲子铲草底部，就能把草挖起来了。"

"我们可以用君君的好办法，试试用铲子除草。"

"那草清除干净了，我们可以种植些什么蔬菜呢？"我问道。

青禾说："自然角中的豆苗发芽了。它要长大，我们把它种到在菜园里去吧。"

"我同意青禾的想法，我们来种植豆苗吧。"

"好的。"

"种植前除了清理杂草还要松土，谁家有锄头，用来帮我们菜园松土呀？"

郴郴说："我奶奶有锄头，我跟奶奶说，让她带锄头来帮我们松土。"

从上述的对话中可以看出，教师只是提供了菜园的照片，拥有种植经验的大班孩子改造菜园的愿望就溢于言表。在讨论中，有的幼儿提问题，有的幼儿回答问题，大家一起积极地想办法。通过交流讨论，幼儿知道了种植前需要清理杂草、松土，并确定了种植的蔬菜——教室里已经发芽的豌豆苗，让班级自然角与小菜园有效地联系了起来。植物种下后，教师和幼儿每天利用散步时间去观察植物的生长情况，这不仅能让幼儿持续保持种植、观察的兴趣，还能随着植物的生长变化赋予幼儿更多发现和探索的机会。

案例：

班级"新宠"蜗牛

雨后，我带着幼儿在小花园里散步时，豆豆在种植园地里发现了一只小蜗牛。

幼儿对蜗牛产生了兴趣："老师，我们可以把蜗牛带到教室里养吗？""是呀，是呀，我们把蜗牛带回教室吧！"

可是那么小的蜗牛怎么观察呢？我又找来了几只大蜗牛。就这样，蜗牛正式"入住"我们班级的自然角。每天只要一有时间，幼儿就会聚集在蜗牛周围观察它们。

探索"蜗居"

饲养蜗牛肯定需要给蜗牛提供住所，于是幼儿收集了各种各样的容器准备给蜗牛做"蜗居"。

彬彬找来了矿泉水瓶，可是瓶口太小，小蜗牛放不进去。

默默跑去找来了奶粉罐，说："这个罐子的口大，你看！"

"大是大了，但盖子盖上就没空气了，蜗牛会死吗？"

"我们可以把盖子打开呀！"默默说。

"不行的，盖子打开以后，蜗牛会爬走的。"

"那就用纸盒吧，用剪刀在纸盒上挖几个洞洞。"卓尔说。

自信满满地做完"蜗居"后，卓尔将蜗牛放进盒子，却发现这样根本就看不到蜗牛了！幼儿有点泄气了。

"找个大瓶子，挖几个洞，蜗牛不会死，又能看得见。"彬彬自我反思道。

"给纸盒子的一个一面换上透明的塑料？"

几个幼儿在一起分析、思考之前制作"蜗居"时的问题所在，最后，他们讨论得出了"蜗居"需要具备的几个特点：透明、透气、空间大。

最终枫枫带来的收纳盒在门卫师傅的帮助下被改造成了蜗牛的"新家"。

"牙齿"的争议

给蜗牛喂食是幼儿最感兴趣的工作，于是，新的话题又产生了。

"蜗牛的嘴巴在哪里？"

"蜗牛是怎么吃东西的？"

"蜗牛有牙齿吗？"

为了弄明白这些问题，幼儿将蜗牛拿出来，仔细观察。

很快，幼儿发现蜗牛的嘴巴在"肚子"上。可是，有什么办法可以看清蜗牛嘴巴呢？

卢明轩从科学区里拿来了两个放大镜，得意地说："用它，一定行！"幼儿抢着要放大镜，但放大镜的数量不足以人手一个。为了更清晰地观察，大家开始四处搜罗其他工具：有的找到了透明的相框，放在蜗牛前一看，没什么区别；有的找来了木质多棱镜，发现虽能放大蜗牛，但看不清；老师的透明水杯也被幼儿找来，他们发现装满水后的杯子居然也能将蜗牛放大。

于是，幼儿又转向关注蜗牛有没有牙齿，并提出了自己的猜想和依据。

"人有牙齿，蜗牛能吃东西，肯定也有牙齿！"豆豆说。

"不可能！你看，蜗牛的嘴巴那么小，怎么会有牙齿？"壮壮反驳道。

"就是！蜗牛的身体那么软，肯定没有牙齿！"

"肯定有，不然它怎么吃苹果呢？"豆豆坚持自己的想法。

第二天，豆豆带着关于蜗牛的小知识来了，他告诉大家："蜗牛是世界上牙齿最多的动物，它有两万多颗牙齿呢！"这下，幼儿真的相信了。

在探索蜗牛的过程中，幼儿提出问题，与同伴交流探讨，修正、补充各自的观点，并引发了新的问题。在幼儿的讨论过程中，教师注重倾听，鼓励幼儿大胆发表自己的见解，并支持幼儿通过多种途径寻找解决问题的办法，提高了幼儿提出问题和解决问题的能力。

总之，自然角的种植和饲养活动是张江经典幼儿园开展幼儿科学启蒙教育的重要途径，能使幼儿获得基本的科学知识，同时也能让幼儿感受到探索的乐趣、发现的喜悦和成功的快乐。

四、"科学月"大活动

作为上海市第二批 STEM + 研究项目蓝盾合作学校，张江经典幼儿园每学期都会开展"科学月"活动，并以此开展班本化项目探索活动。在实践中，我们注重引导幼儿提出和解决现实问题，关注幼儿的学习方法，关注幼儿在解决问题过程中发展起来的计划、合作、实施、反思和表达等能力，关注幼儿的学习品质，践行从结果导向向过程导向的转变。我们号召小、中、大班各自开展项目化科学探索实践，鼓励并支持幼儿将探索行为常态化，使之逐渐成为日常活动的一部分。

例如，在主题为"发现儿童眼中的科学"活动中，全园小、中、大班共44个班级的班本化探索主题如表3-1所示。

表3-1 "发现儿童眼中的科学"各班探索主题

年龄段	主题
小班 （10个主题）	蛋宝宝系列；花朵系列（花儿朵朵开、花园里的花、护花小卫士）；小镜子大秘密；洗手，一件重要的小事；和螃蟹的"邂逅"；玩转泡泡；汽车探秘；一粒种子的旅程；有趣的丝瓜；蔬果大不同
中班 （13个主题）	花朵系列；"果蔬不一样"系列；叮咚，您的快递已到达；昆虫世界；鸡蛋和小鸡的故事；向"筷"乐出发；蚕宝宝系列、"纸"与你相遇；西瓜宝宝变形记；小蝌蚪成长记；植物的模样；镜子王国；肥皂诞生记
大班 （9个主题）	蚕宝宝系列（蚕宝宝的故事、蚕宝宝成长记）；有用的纸杯；我的飞行梦；光影成趣；寻找春天；蝌蚪来了；勤劳的纺织者；春天的秘密；植物的生长

在对上述主题的探索过程中，教师用思维导图将幼儿发现问题、师幼的讨论进行记录和梳理，及时捕捉、科学判断、分析后跟进幼儿所关心的问题。在整个班本化项目开展过程中沿着儿童思考的线索引导课程不断深入，凸显师幼共建班本化课程的教学理念。

案例：

"新能源，大科学——环保让生活更美好""科学月"活动之班本化项目探索

课程实施前，教师通过师幼对话、亲子问卷等途径了解幼儿的想法，然后在教研活动中对此开展讨论。一位教师发现幼儿对垃圾回收利用比较感兴趣，同时觉得"再生纸"这个概念比较有价值，很快就构建并手绘了该课程的实施脉络。

第二天下午，这位教师在群里"呼救"，称自己在孩子们面前碰壁了，因为大部分幼儿对"变废为宝"并不感兴趣，而对一个男孩子提出的"垃圾传送分类"更感兴趣，一致表示要做一个垃圾分类处理器。

教师认真倾听孩子们的设想，并通过对话不断设疑，推动孩子们深入思考。

教师："没有自动转动的设备装置怎么办？"

幼儿："可以用手转。"

教师："即使手动转起来了，垃圾也不可能实现自动分类并掉落的。"

幼儿："那就挖大大小小的洞，让垃圾自己掉下去。"

……

对话之后，教师与孩子们一起重新构建并优化了课程脉络，基于此脉络展开了一系列深入探索。

由此可见，我们的"科学月"活动强调关注幼儿的真兴趣。教师不仅要

图 3-1　幼儿制作的垃圾分类处理器主体

图 3-2　幼儿制作的垃圾分类处理器

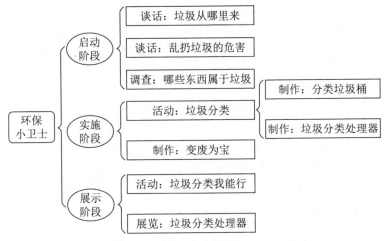

图 3-3 重新构建并优化的课程脉络图

倾听、理解幼儿内心的感受，接受幼儿的建议，因幼儿的需要而改变活动内容、方式，更要做幼儿探索的支持者，做善于和幼儿对话的教师，帮助幼儿聚焦目标，完成合作小组的组建，即聚焦"3W"——

Do what？（做什么?）：让幼儿在对话中明确即将要开展的具体工作，以及最后要做出什么成果；

What's the plan？（计划是什么?）：即整体工作的步骤以及各阶段要做些什么；

Who's gonna do it？（谁来做?）：是否需要分工？怎么分？每个小组分别承担哪部分任务？

教师还需要通过"对话"，让师幼都明白在围绕目标进行探索的过程中需要突破的关键点，即"2H"——

How to do it？（怎么做?）：幼儿基于年龄特点，常常会出现最初创意在后续阶段无法实现的情形，教师需要巧妙运用"对话"让幼儿明白可能碰到的困难并积极思考对策，如"垃圾分类器"如何实现大小不同的垃圾在传送带上自动分类；

How to solve the problem？（怎么解决?）：教师需要预设在实践过程中幼

儿将会遇到哪些困难，用什么样的方式解决。如这个案例中面对"垃圾分类器"履带的转动问题，孩子们脱口而出"不能自动转，就用手转"。

在"科学月"班本化项目探索中，教师关注幼儿的真实需要，发现幼儿的真实兴趣，倾听幼儿的想法。"对话"是教师有效推动探索进程的策略之一，能让幼儿在思考中不断完善最初的计划；教师提供一切可以实现的资源保障，让幼儿充分与材料、与同伴互动，不断创造、发现，享受探索带来的快乐、获得成功后的喜悦，帮助幼儿实现自我成长。

第二节　浸润式幼儿科学启蒙教育的实施

一、浸润式科学启蒙活动实施的形式

（一）问题讨论式

问题讨论是指在科学探索过程中，教师观察幼儿的探究行为，在必要的时候提出发散性问题，引导幼儿与教师、幼儿与幼儿之间进行讨论与思考，激发幼儿的探索欲望，使幼儿形成探索的思路，掌握解决问题的方法。问题讨论过程中应鼓励幼儿从不同角度、不同方向探索，发现问题的解决方法；鼓励幼儿提出发散性问题与聚合性问题，带着问题去探索，学习他人的经验，学会总结、交流经验。

案例：

中班科探活动——"奇妙的管子"

这个活动的目的是让幼儿通过实验发现光、气、水在穿越直管和弯管时的有趣现象，大胆地用实验验证自己的猜想。教师在活动中设计了大量问题，引发幼儿对科学现象的观察与猜测。

如在第一环节"直管大揭秘"中，教师提出问题："手电筒的光、水、嘴巴吹出来的气，这些东西能穿越直管吗？"，引发了幼儿的思考与讨论。有的孩子觉得嘴巴里吹出来的气能穿越直管，因为他们曾经尝试过；有的孩子认为水能从直管里流出来；有的孩子则表示手电筒的光或许也能从直管里穿过……教师的问题引发了幼儿的讨论，更激发了他们探索的欲望。经过探索，幼儿发现了"光能够穿越直管"。

紧接着，教师提出了新的问题："手电筒的光想去弯管里旅行，它们能不能成功地穿越弯管呢？细细的线能成功穿越弯管吗？为什么系有螺帽的丝线、嘴巴里哈出的气能穿越弯管，而铅笔和手电筒的光不能呢？"问题一经提出，孩子们就开始进行热烈的讨论："螺丝帽很重，肯定能穿越弯管""细细的线不一定能穿过弯管，因为它太轻了""手电筒的光穿不过弯管，因为管子是弯的，光被管子遮住了"等一系列问题为幼儿的探索提供了方向，带着这些问题和猜测，他们两人一组进行了尝试，终于发现"系了螺丝帽的线能很方便地穿越弯管，嘴巴中哈出的气能穿越弯管，而铅笔和手电筒照出来的光都不能穿越弯管"。

（二）同伴互助式

同伴互助是指在科学探索活动中，教师鼓励幼儿和同伴交流自己的想法和做法，和同伴一起开拓思路，将个体经验转化为集体经验的形式。同伴互助强调以幼儿为主体进行自主性活动，鼓励幼儿积极尝试、观察体验、感受快乐，用自己的活动方式认识和解决问题，变教师的外在要求为自身的需要，变"学会"为"会学"。

案例：

中班科探活动——"旋转的陀螺"

活动中，幼儿发现各种形状的陀螺在快速转动时都会呈现出圆形轮廓，在仔细观察的过程中发现科学现象、体验探究的乐趣。活动的几个操作环节都能让幼儿充分互动、充分合作。

幼儿第一次探索的目的是掌握使陀螺迅速旋转的方法。在操作环节，幼儿一边尝试着将身边各种物品（如笔、小风车、书本、光盘等）进行转动，一边得出相关经验——转动和力有关，可以用拧、搓、甩等方法使物体转动起来；同样的物体可以用不同的方法使之转动，如能用嘴吹、人带着、跑动以及用手拨动的方法使风车转动。

第二次探索的目的是让幼儿发现不同形状（正方形、三角形、五角星形）的陀螺在转动时都呈现出圆形轮廓。在对不同结果进行猜测后，幼儿开始了两两结伴的探索，他们和同伴一起探索，每种陀螺都用力转一转，发现转动后呈现出的形状并记录下来。最终，幼儿发现不管是方形、三角形还是五角星形的陀螺，它们在转动得很快时都会呈现出飞快旋转的圆形，等转动的速度变慢直到停下来后才能看清原来的形状。

（三）交流分享式

交流分享是指探索结束后，教师引导幼儿总结探究过程中的做法，思考成功的经验与失败的教训，与大家分享自己的成果，从别人的做法中得到启示，从而积累科学探索经验的方式。

案例：

中班科学探索活动——"蛋宝宝站起来"

该活动要求幼儿尝试各种方法探索如何让"蛋宝宝"站立起来，同时用语言大胆表达自己的发现。在探索过程中，幼儿尝试了各种材料，如橡皮泥、积木、瓶盖、纸巾、棉花、小纸盒、小瓶、布等，试图借助这些材料用不同的方法让"蛋宝宝"站立起来。

在分享交流环节，每个幼儿都介绍了让"蛋宝宝"站立起来的方法，有的说"可以让蛋宝宝靠在旁边的物体（积木、小瓶）上，使它站起来"；有的说"可以为蛋宝宝搭建一个支撑架（雪花片、小纸盒）"；还有的说"可以用柔软的材料为蛋宝宝做一个'窝',使它站起来(棉花、纸巾、布)"……其他幼儿认真倾听并提出疑问和意见。

教师要创设一个自由、宽松的环境,支持、鼓励孩子参与交流活动。在科学探索活动中,每个幼儿在探索之后都会产生表达的欲望,教师应该支持幼儿表达,创设各种机会让幼儿进行交流与分享。

二、浸润式科学启蒙活动实施的方法

(一)情境法

教师根据科学教育活动的内容,通过场景布置、材料提供、语言渲染、游戏设计、情感氛围营造等多种形式,激发幼儿探究的兴趣和热情,使其长时间保持探究的主动性、积极的情感体验。情境法对幼儿有着重要的意义,它能使幼儿在科学探索活动中亲历科学发现的过程,通过操作积累科学经验,充分发挥想象、扩展思维,积极大胆地表现,从而提高科学素养。

案例:

小班科探活动——"有趣的吸铁石"

活动前,教师创设了"森林音乐会"的情境,制作了小兔、小鹿、小象等小动物模型,用来创设森林音乐会的情境。活动一开始,教师用变魔术的手法吸引幼儿的注意力:"这些小动物要去森林里参加森林音乐会,我有一个好办法能让它们动起来",同时将吸铁石放在"森林"背景后面,用吸铁石吸住"小动物",使"小动物"动了起来。幼儿看到"小动物"们"走"了起来,感到非常惊奇,这时教师顺势提出问题:"小动物为什么会走路呢?",引导幼儿思考"小动物"能"走"起来的原因——"原来小动物身后贴了回形针,回形针被吸铁石吸住了,是吸铁石让小动物动了起来,所以吸铁石和回形针是好朋友"。通过创设这样的情境,幼儿获得了相关科学经验,激发了探究的兴趣和主动性。紧接着,教师为幼儿提供了各种操作材料,有吸管、水

彩笔、固体胶、夹子、发夹、剪刀等，让幼儿尝试探索吸铁石和哪些材料是
"好朋友"、能把哪些材料吸起来。

在教学过程中，教师应根据教学需要创设合乎实际的教学情境，引导幼
儿通过动脑、动口、动手等多种途径积极参与教学过程，愉快地探索、理解
科学规律，获得科学经验，提高科学素养。

（二）实验法

教师为幼儿提供充实多样的科学实验材料和充分的实验时间，鼓励幼儿
积极主动地参与操作活动，通过观察发现操作过程中事物的变化，正确使用
工具和材料，从而提高探究能力与解决问题能力。实验法能引导幼儿动手动
脑，帮助幼儿认真观察现象的变化，学会独立做事，通过动手操作寻找问题
的答案，学习记录与表达，充分体验科学探究、科学发现的整个过程，养成
遵守规则和尊重他人的习惯。

案例：

大班科探活动——"水变干净了"

活动的目标是让幼儿探索用多种材料过滤脏水的方法，感知用过滤的方
法能让水变干净，同时让幼儿能依据实验结果进行比较判断。本次活动采用
实验法：第一次实验中，教师首先激发出幼儿把水变干净的愿望——出示了
一瓶未经过滤的脏水，让幼儿猜测怎样把脏水变干净。幼儿自由讨论后，教
师向幼儿展示了许多生活中常见的材料：小毛巾、沙子、棉花、脏水、漏斗
等，同时提出问题"哪些材料可以把水变干净？"这些幼儿熟悉的材料吸引
了他们带着问题去尝试：有的幼儿选择了棉花，发现棉花可以过滤出水里的
脏东西，同时也在反复试验后发现用同一种材料经过多次过滤也可以把脏水
过滤得更干净。有的幼儿选择了沙子，但很快发现在漏斗中加入沙子过滤脏
水是不可能的，因为沙子会随着水的流入而从漏斗中流出。这时幼儿会思考：
怎样让沙子既能过滤水又不至于被水冲走？于是就引发出了用多种材料进行

多层过滤的第二次实验。经过实验，改变了结构的过滤装置为过滤脏水提供了基本条件，同时也激发了幼儿的探究欲望，帮助他们积累了"多层过滤能使脏水变得更干净"的科学经验。

（三）参观法

教师充分利用环境中的教育资源，带领幼儿到幼儿园附近的名胜古迹、小区设施、实践基地进行参观，有意识地引导幼儿观察身边的科学现象，注意自然界与人类社会生活的密切联系，激发幼儿热爱周围环境、热爱生活情感。参观法让幼儿想看、想学、想了解的知识变成了自己探索、观察、实验的结果，体会到科学的知识在生活中随处可见，拓展了幼儿的视野，同时也使幼儿感受到大自然给予的快乐。

案例：

大班实践活动——"神奇的小汽车"

该活动的目标是让幼儿在观察、比较中了解智能小轿车安装了集成电路后具有的神奇功能，体验高科技产品的神奇，同时大胆想象并设计具有神奇功能的小轿车，提高动手操作能力。为了能让幼儿更直观地观察并了解智能小汽车的外观和性能，教师带领幼儿来到张江经典幼儿园科学实践基地——展讯集成电路科技馆"生活中的集成电路"展馆，实地观察集成电路科技馆里的一辆智能小轿车。参观时，幼儿对小轿车的神奇功能产生了极大的兴趣，有的说"这辆小轿车真神奇，车门能够自动打开，碰到行人能够自己停下来，我家的小轿车是没有这个功能的"；有的说"我也想当一名汽车设计师，设计有神奇功能的小轿车"；还有的说"我设计的小轿车能够飞起来，速度非常快，很快就能到自己想要去的地方"……参观过程中幼儿观察、比较了智能小轿车与家用小轿车的不同，亲身体验到了集成电路的神奇功能，同时通过专业人员的讲解与现场互动清晰地了解了小轿车安装集成电路后具备的许多新功能，感受到现代科技给生活带来的便利。接着，教师激发幼儿充分发挥想象，设计一款具有神奇功能的小轿车，如可以自动开关门、有自动升降门、会布置车展的小轿车。通过展示幼儿设计的小轿车，激发了幼儿成为一名轿车设计师的愿望。组织参观体验活动扩大了幼儿探究与想象的空间，使幼儿参与科学发现的积极性和主动性不断提高。

三、浸润式科学启蒙活动实施的策略

（一）目标引领策略

目标引领是指在实施科学活动的过程中，教师根据幼儿园科学启蒙教育的总体目标体系制定适宜的活动目标，并围绕目标有目的、有计划地设计科学探索内容、提供探索材料，在目标的引领下让幼儿通过主动活动进行感知、观察、操作，从而发现问题、寻求答案的教育策略。

活动目标是活动的出发点和预设的归宿，是教育目标和任务在活动中的具体化。在教学活动中，目标处于"领导者"地位，所有后续的环节和内容均应该围绕着目标进行和展开。因此，活动目标非常重要，有了适切的活动目标，才能保证科学活动的有效实施。

案例：

大班科探活动——"有趣的皮影戏"

该活动目标为：1.探索皮影戏表演时光源、皮影人、幕布之间的位置对影像效果的影响；2.在实验中勇于尝试、积极思考，感受皮影表演的乐趣。活动目标围绕对光学知识经验的探索，指向明确，明确了此次活动中幼儿要探索什么、获得什么经验，同时又强调了情感态度、方法能力等科学素质的培养。目标的确立是活动有效开展的重要基础。

教师围绕整体目标设计了三个主要环节：1.回顾皮影戏——引发幼儿探索的兴趣，2.玩玩皮影戏——发现皮影戏成像的条件；3.留疑设问——延伸幼儿的思考。在第二个环节中，教师设计了两次实验，并提供了适宜的实验材料让幼儿通过主动活动进行感知、观察、操作，从而发现问题、寻求答案。

一是探索皮影人、幕布、光源如何摆放才能产生皮影效果，幼儿通过探索发现只要把皮影人放在光源和幕布中间，就会在幕布上产生皮影效果。二是探索让皮影人动起来的方法，感知光、影、物的关系。

在实施目标引领策略时，要充分考虑幼儿的已有经验与能力、幼儿的科学素养、活动的核心价值，既设置即时目标又设置长远目标。"目标引领"包括以下两个方面：（1）整体目标的引领，即以园本课程中各年龄阶段目标为依据，目标设置既考虑到科学情感态度、方法能力、知识经验，又有对喜尝试、善发现、勤思考、爱求异、肯坚持的科学品质的培养；（2）局部目标引领，即科学活动中各环节的目标紧紧围绕整体目标，引领各环节的材料投放、提问设计、互动回应与小结提升。

（二）互动发展策略

互动发展是指在实施科学活动的过程中，教师与幼儿在交流与沟通时相互配合、相互作用、相互推动，从而共同实现由小到大、由简单到复杂、由低级到高级的教育策略。

案例：

小班科探活动——"有趣的影子"

活动中，在实验后的分享环节，教师问幼儿："你找到了谁的影子？你从哪里看出来影子是谁的？"第一名幼儿分享了自己的发现："找到了小兔的影子。"第二名幼儿也分享了自己的发现："我找到了小刺猬的影子，小刺猬的身体上有一根根尖尖的刺，所以，我发现那是小刺猬影子。"教师马上表扬了这名幼儿："他说得真清楚。是谁看到了影子呀？"幼儿集体回答："是×××。"教师继续与幼儿互动："对呀，×××用了'我'看到了，让大家明白是他看到了影子。他还仔细地说出了通过小刺猬的一根根尖尖的刺发现了那是小刺猬影子，真棒！"第三名幼儿分享了自己的发现："我找到了小猴子，小猴子的尾巴长长的，耳朵是半圆形的，身体还弯着……"教师在与个别幼儿的互动中及时肯定幼儿，不断推动活动深入开展。

科学活动中进行积极、有效的师幼互动能拉近幼儿与教师的距离，提升幼儿的探索兴趣，尊重幼儿自主活动的意愿，支持幼儿的发展，并推动幼儿进一步探索，充分显示出幼儿在活动中的主体地位，使科学活动充满活力，最大限度地促进幼儿大胆尝试、善于发现、积极思考、喜爱求异、坚持探索，从而提升其科学素养。

（三）观察发现策略

观察发现是指在实施科学活动的过程中，教师充分调动幼儿各种感官，引导幼儿运用已有的经验去发现周围物质世界的特点、变化，并通过亲自动手操作对自己的猜想加以验证、分析，从而获得科学知识和经验的教育策略。

3—6 岁幼儿正处在生长发育的关键期，对任何事物都想看一看、摸一摸、试一试，他们对这个世界充满好奇，有着强烈的科学探究欲望。观察发现是幼儿认识事物、形成概念的重要途径。当幼儿还不善于自觉地、有目的地进行观察时，教师应有意识地帮助幼儿明确观察目的、控制观察的方向，提高幼儿的观察质量。

案例：

大班科探活动——"小蝌蚪"

幼儿在自然角养殖小蝌蚪的过程中产生了问题：小蝌蚪从蝌蚪卵到成为蝌蚪到底要多长时间？它是怎样一步步变成蝌蚪的？为了让幼儿有目的地观察，有所发现，教师为幼儿设计了观察记录表，表的纵列标有生长过程、日期、长度等要素，并提供放大镜、尺、笔等工具。每天的观察都令幼儿乐此不疲。经过小组讨论，幼儿记录下了蝌蚪变化的过程：蝌蚪卵—蝌蚪破卵而出—蝌蚪长出后腿—蝌蚪长出前腿—蝌蚪尾巴退缩。通过观察，幼儿发现从蝌蚪卵到成为蝌蚪要经历 38 天，蝌蚪的直径从 0.3 cm 长到了 2.5 cm。

（四）分享反思策略

分享反思是指在教师的引导、帮助下，幼儿将观察、探索的结果记录下来，并向他人表达、与他人交流自己的探索经验，回味探索过程，讲出自己的发现，总结探索成功或失败的原因，从而推动幼儿自省，产生进一步探索的欲望的策略。

"分享反思"包括以下两个方面：（1）成功经验的分享，即帮助幼儿总结有用的经验，分享成功的喜悦；（2）未成功原因的分析与思考，即引导幼儿对出现的问题进行分析，寻求解决问题的方法，激发再次实践的愿望。

案例：

中班科探活动——"有趣的膨胀"

活动中有一个孩子意想不到的环节——面膜吸水膨胀后堵住了瓶口，居然能把瓶子提起来。当教师让幼儿猜测"面膜放进瓶子后能不能把瓶子提起来"时，几乎没有幼儿认为可以，但当一组幼儿实验成功后欢呼雀跃时，另几组没有成功的幼儿既羡慕又沮丧。这时，教师让他们思考失败的原因，同时让成功的小组进行演示，另几组幼儿在观察同伴的演示时发现了自己的问题：一是水不够，面膜未充分膨胀；二是要把瓶子一起拎起来才能成功。最后，大家都成功了。

视角转换中求创新，
构建"儿童的科探课程"

第一节　视角更新：基于儿童视角的
幼儿科学启蒙教育

当我们对前期浸润式幼儿科学启蒙教育实践进行反思时，我们发现其存在以下问题和不足：

一、根据培养目标设计和开展活动，忽视幼儿的真实问题

教师和幼儿应作为学习共同体在课程发展中相互影响，而我们在开展幼儿浸润式科学启蒙教育活动时，根据科学素养的内涵，为了儿童更好地发展，精心设计各类活动，却忽略了倾听儿童在生活中遇到的真实问题，在开展活动时没能准确地把握幼儿生活中的相关事件，借此捕捉幼儿的兴趣，同时把握教育时机对幼儿进行指导，对儿童的个性化需求关注不够。

二、注重浸润式环境的人为打造，对自然资源利用不够

在实施浸润式科学启蒙活动的过程中，我们注重环境的创设，创设安全、丰富、自然、开放、能体验、能探索的空间，令幼儿沉浸其中，不断与环境互动，实现发展。神经生物学研究告诉我们：在自然中获得感官经验对幼儿的发展十分重要。在大自然中活动可以让幼儿兴奋起来，这种兴奋的感觉通过感官器官传向大脑，产生运动和行为上的反馈，有助于提高幼儿创造、积累科学经验。可见，我们要充分利用园所自然资源，每天带幼儿接触大自然，激发其好奇心与探究欲望。

三、在师幼共同对话中推进每个儿童的发展面临挑战

浸润式科学启蒙教育强调通过人与人之间的互动来学习，现实的问题是在新建园的背景下，大量新教师涌入，在如何基于幼儿活动情况与儿童充分互动方面经验不足，给在互动中促进儿童深度学习这一目标的实现带来较大挑战。

总体而言，尽管我们在开展浸润式幼儿科学启蒙活动时做了很多，但总觉得还不够，而此时，"儿童视角"给了我们新的启发——儿童视角指成人站在儿童的角度来看待儿童，遵循儿童成长的规律，研究儿童的心理，把儿童当作主体，做到想儿童之所想、为儿童之所为。国内外研究者关于幼儿科学教育的研究最新成果能帮助我们更好地理解儿童的学习方式，为我们基于儿童视角开展幼儿浸润式科学启蒙活动提供了理论基础和思路。

以儿童视角的理念为指引，不断地走近幼儿，倾听幼儿，对话幼儿，去发现、了解幼儿眼中的科学并给予幼儿回应与支持，努力让幼儿对科学探索更主动、更充满兴趣。我们期望能以幼儿为探究的主体，给予幼儿环境创设的参与权、选择权、决策权；教师热忱接纳、积极陪伴、认真聆听，充满期待，正面激励，对幼儿进行情感滋润，让幼儿沉浸于科学探索中，主动与环境互动，教师也在反思中不断丰富完善自己的经验，促进幼儿的发展。

第二节　实践优化：浸润式幼儿科学启蒙教育的迭代

基于幼儿视角的科学启蒙教育以幼儿发展为本，教师以探索者的身份走近幼儿，在共同生活、交往、探索、游戏中了解幼儿的疑问，支持幼儿主动探索，激发幼儿亲近自然、喜欢探究的情感，陪伴幼儿动手实践，通过积极

的互动和评价促进幼儿的主动学习和发展。

一、构建面向生活的课程内容

生活世界与科学世界实质上并不是对立关系,科学源于人类生活,发展于人类生活之中,服务于人类幸福生活的需求,所以我们构建面向生活的课程内容,即把生活作为教育的目的、来源和途径,将科学世界融入生活世界。

《3—6岁儿童学习与发展指南》提出"要珍视游戏和生活的独特价值",把生活视作幼儿学习的最重要途径。因此,基于儿童视角的浸润式幼儿科学启蒙教育主要通过以下三个途径来形成课程内容:第一,到生活中寻找和发现有价值的课程资源;第二,让幼儿去解决生活中的问题;第三,利用生活中的机遇和条件。

(一)根植自然生活,让教育自然而然发生

虞永平教授认为,幼儿"在生活中学习,在学习中生活""生活是课程的基础、来源、出发点,生活也是课程的进程"。《3—6岁儿童学习与发展指南》提出"经常带幼儿接触大自然,激发其好奇心与探索欲望"的科学学习建议。对幼儿来说,大自然是他们生活、学习和游戏的场所,也是第一本科学"教科书"。张江经典幼儿园课题《依托张江科探基地,开展幼儿浸润式科学启蒙活动的实践研究》先后立项区级重点课题和市级课题。我们挖掘园所条件,创建张江经典幼儿园"科农"基地,开展立足本园的幼儿科学实践基地活动;尝试在户外大自然中调动幼儿全身感官,开展融情感、认知、能力为一体的科学探究活动。

案例:

Bye bye,苍蝇

幼儿园有一块户外探索的基地,幼儿每天都沉浸其中,接触自然,发现自然的变化,探索科学的奥秘,还给它取了个美名叫"盛夏农庄"。

"哎哟,这是什么?好恶心。"

"是苍蝇！好多好多的苍蝇啊！"

"是什么引来了苍蝇？"

"为什么以前盛夏农庄没有苍蝇，现在有这么多？"

"苍蝇是四害之一，是不好的。"

"那怎样驱赶这些苍蝇呢？"

进入盛夏农庄后，幼儿对于是什么引来了苍蝇产生了兴趣，于是在教师的带领下，幼儿观察周围环境的变化，有了新的发现。

在寻找引来苍蝇的原因过程中，幼儿发现是小鸭子的气味、粪便、食物吸引了大量苍蝇。在后续的探究中，幼儿还发现透过引来苍蝇这一现象可以看到盛夏农庄环境中存在的生物界、生物与外界的多种关系，如动物之间的关系，脏脏的小鸭子吸引了大量苍蝇；动物与植物的关系，中药草可以驱赶

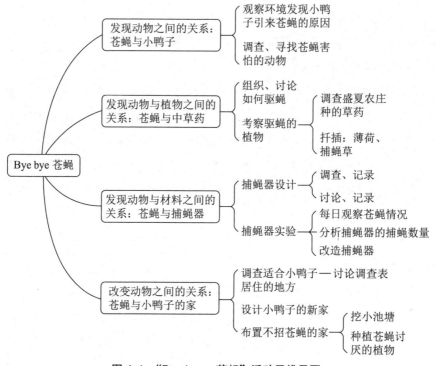

图 4-1 "Bye bye，苍蝇"活动思维导图

苍蝇，苍蝇讨厌气味比较浓的植物；动物与材料的关系；等等。"Bye bye，苍蝇"活动应运而生。

在一次次实践中幼儿设计捕蝇器、制作捕蝇器驱赶苍蝇，最终改变了动物与动物之间的关系；调查适合小鸭子居住的地方、设计小鸭子的新家、布置不招苍蝇的家等等，改善小鸭子的生活环境，使其不被苍蝇所困扰。整个活动过程激发了幼儿学习的积极性和爱护环境、保护动物的意识。

图 4-2　捕蝇器 1.0—3.0

孩子们每天沉浸在盛夏农庄里，发现周围环境的变化，针对苍蝇产生的问题，通过调查、观察实验、工程实践等方式发现苍蝇与周围环境的关系。幼儿在小菜园、大草坪、果树园、沙池、户外游戏场地活动，开展了很多有趣的科学探究活动，比如因种植出来的果蔬干瘪不丰满的问题引发的改善土质、堆肥等一系列探索研究；因农庄植物的多样性而引来各种各样的动物（蝴蝶、蜜蜂、蜗牛、鸟类等），从而引发的探究蝴蝶的种类、习性等一系列蝴蝶课程；因自然生态环境好引来许多动物而引发对食物链的探索，如夏天蚊子变多会引来许多蜻蜓和青蛙，养殖小鸭子、小鸡引来黄鼠狼，养小金鱼引来猫等等，浸润式科学启蒙活动与幼儿的生活密不可分。

此阶段浸润式科学启蒙活动以自然为舞台,支持幼儿探索如何面对自然,探索自然的轮回、变化、关系、法则等,同时关注生活对于幼儿发展的价值,让幼儿在自然中学习和探究,进而发现自然对于自己生活的意义。幼儿生活中每天发生的故事,幼儿和成人一起探索和解决问题的过程就是我们开展浸润式科学启蒙活动的过程。

(二)问题是探究的起点

《学前儿童科学学习与发展核心经验》指出:幼儿教师要善于发现、理解、赋予幼儿平常与周围世界的互动中的科学教育意义,看到寻常时刻中的科学教育契机,捕捉幼儿平时的感知、思考、操作、设想等与科学探究相关的"闪光点",加以聚集、延伸、梳理,将儿童对周围世界的好奇发展为探究的习惯,因此要关注幼儿的生活、了解幼儿的问题。问题就是探究的起点。当幼儿走到小菜园,会疑惑菜叶上为什么有洞洞;幼儿拾捡落叶时发现干枯的叶子上叶脉裸露,会产生进一步探究叶脉的兴趣;当幼儿踩在树上掉落的果子上,发现有汁水出来的时候,又会提出"汁水就是植物色素吗"这样的问题……

基于儿童视角的幼儿浸润式科学启蒙活动强调关注幼儿在生活中遇到的真问题。幼儿想要探索的问题可能是成人习以为常的,但却能引起幼儿的兴趣,这些问题就是探究的起点。我们发现,幼儿总是会提出很多问题,想办法解决问题,最终有的问题得到了解决但又产生了新的问题,而有的问题在探索之后仍然没有解决,这些问题构成了我们的课程。

案例:

拯救西瓜苗

种完西瓜苗第二天,我们担心的事情发生了——下了一场大雨。大雨过后,我和孩子们来到西瓜地察看西瓜苗。

一一大声说:"这么多水,快点想办法把水弄掉吧!"

天天问:"怎么弄啊?"

——回答："当然用工具啊。"——手一挥，便带着几个好朋友一起去找工具了。孩子们有的找来了水桶，有的找来了种植的铲子……他们兴奋地将手中的工具展示给我看，并准备去排水。

"等一等！"韦韦着急地说道，"这个铲子又硬又尖，会把地里的薄膜弄破的。"

"是呀，这样更多的水会漏到地里，我爷爷给西瓜铺的防水膜就没用了。"小仪急得跳脚。

天天问："那怎么办啊？"一些孩子也跟着一起挠头皮。

我追问道："你们觉得什么样的铲子不容易把薄膜弄碎？"

——忙说："挖沙的铲子可以。它是塑料做的，它的头是圆圆的，而且又大，我去拿。"

取到工具后，天天对喜悦说："你把桶拿好，我把雨水弄进来，你去倒掉。"于是孩子们利用挖沙的工具将地里的雨水铲到了桶里，并将桶里的水倾倒到水池里。孩子们一边铲，韦韦一边叮嘱道："轻点，别把膜弄碎了……"

经过大家的共同努力，地里的积水终于被排空了。

"护苗救援先锋队"完工后，天天问道："以后每次下完雨我们都要这么铲水吗？"

韦韦也说道："马上就要芒种了，之后经常会下雨。"

小仪和喜悦惊讶道："啊？那不得忙死？"

看着孩子们面面相觑的表情，我引导说："水为什么会积在西瓜地里？"

——说："因为四周的木走道比较高。"

小仪说："因为木头不会吸水，泥土会吸水。"

韦韦说："雨太大了，泥土吸不了这么多的水，就存在西瓜地里了。"

我回应说："你们说水往低处流，那是要把西瓜地变高吗？"

喜悦说："种西瓜苗的地方不能变高，只能把周围变低。"

我回应说："你是说把周围的木栅栏位置变低吗？"

韦韦说："不行，我们挖不动木栅栏。"

天天问："那我们能不能把没有种西瓜的地方变低呢?"

小仪说："把没有种西瓜苗的地方挖深，水就会流到里面去。"

我回应说："听下来你们是想改造西瓜地的地势，让西瓜苗的区域变高。"

韦韦说："是的，挖个坑，让水流过去。"

图4-3　幼儿在西瓜地排水

图4-4　使用"保护伞"护瓜

接下来孩子们尝试使用"保护伞"保护西瓜，还决定要动手改造西瓜地，通过视频采访了环东村010生命庄园有经验的工作人员，最后得出结论：在种西瓜苗的时候要起"地垄沟"，防止水淹；遭遇暴雨时，雨水会聚集在"地垄沟"里，顺着"地垄沟"排出。于是孩子们针对西瓜地的现状进行改造——根据地形设计"地垄沟"，再根据图纸施工，选择工具建造地垄沟，其间产生了一个个新的问题，引发幼儿不断动脑动手解决问题。

西瓜苗遭遇一场意外的水淹开启了孩子们探索排水方法的探究，靠人力解决排水后，幼儿又开始思考后续排水问题，开启了对西瓜地改造方式的探究。从工具的选择到功能的设想，从设计图纸到施工，一个又一个问题层出不穷，基于问题生成的科学探索活动使幼儿沉浸在富有探究意义的问题情境中。

幼儿与浸润式环境互动，提出要探究的问题，这是开展科学启蒙教育中很重要的一步。幼儿有时能根据观察和获取的信息独立地提出问题,有时则需要在教师的引导下形成探究的问题,形成问题的过程如图4-5所示。基于儿童视角开展浸润式科学启蒙教育,教师需要结合幼儿的看法和已有经验,对照发展目标,形成幼儿通过努力可以实现的目标,确定探究问题。在"拯救西瓜苗"案例中,幼儿看到西瓜苗遭遇大雨淹在水中,在给西瓜地排水的过程中并不能准确提出要解决的问题,教师通过组织幼儿讨论,引导幼儿发现是地势的变化引起了这次积水,进而确定改造西瓜苗所在位置的地势是要解决的问题。

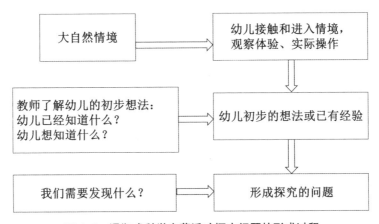

图4-5 浸润式科学启蒙活动探究问题的形成过程

(三)利用生活中的机遇和条件

生活中也蕴藏着教育的机遇:种下的种子没有发芽,种下的植物死了,浇水的水壶漏了……从教育者的角度来看都是幼儿科学启蒙教育的机会与可能,我们可以从中生成课程并促进幼儿的学习与发展。

案例:

由"小萝卜头"引发的堆肥探究

寒假过后,孩子们兴致盎然地问起我们种的萝卜是不是可以丰收了。不拔不知道,一拔吓一跳,我们班级种的萝卜竟然个个都是"小萝卜头",只有拇指粗细。为什么我们种的萝卜这么小呢？明明种了很久了呀！于是孩子们展开了讨论：

"我猜是因为冬天的气温太低，萝卜照不到阳光才长不高、长不大。"桐桐一脸认真地说。

"会不会是假期里没人浇水的缘故呢？"

"和其他班级的菜地比，我们班的菜地有什么不同吗？"

"我们的萝卜苗是随便撒的，大二班的菜苗是一排一排种的，密密麻麻地像小森林一样，所以我们班每棵苗分到的营养不平均。"

"对对对！"

"有道理！"

然然的想法一时之间引起了大家的思考："原来植物的生长需要阳光、空气、水，同时还要有足够的营养，种植时的排列方式也会有影响！"

"对，说不定还有可能是虫子把泥土的营养吃光了，土里没营养了，所以萝卜长不大。"

"没错！我们把萝卜种下去以后没有浇过肥料，土里没营养，所以萝卜长不大！"孩子们你一言我一语道出了他们的猜测。

"可是肥料要从哪里弄来呢？"

斗斗说了句："我见过小猪佩奇的爷爷怎样堆肥。"

"假期里我到乡下奶奶家，奶奶他们用菜叶埋在土里做肥料。"

"我也见过用水果皮做肥料，我妈妈就是这样做的！"

……

一句话好似打开了孩子们的话匣子，不知不觉间孩子们你一言我一语地讨论了起来。

关于堆肥的想法得到了孩子们的认可，也引发了他们极大的好奇，于是制作肥料就提上了研究议程。

大家讨论决定回家找爸爸妈妈帮忙，我在"孩子通"软件上向家长发布了孩子们发现"小不点"萝卜的故事。经过调查，孩子们发现原来堆肥的方式有许多，如酵素堆肥法、燃烧堆肥法、三明治堆肥法等，同时大家还发现原来生活中被我们当作垃圾的蛋壳、烂菜叶、果皮等都是很好的堆肥材料，于是堆肥探究活动开始了。

一次不成功的种植成了幼儿开始新探索的契机，幼儿对"萝卜为什么长不大"进行猜测，此时，作为陪伴者的我们要和他们一起看一看、听一听、聊一聊，站在幼儿的立场去理解他们，针对一些偶发事件中所隐含的教育价值因势利导，关注幼儿的反应，支持幼儿带着问题主动发现、探究。在探索堆肥的过程中，幼儿认真观察、比较、调查、做记录，小组分工合作，连续多日对实验对象进行观察，在不断验证猜想的行动中探究了科学知识，发展了主动探究的能力。教师要倾听幼儿的"声音"，挖掘偶发事件背后的价值，支持幼儿开展科学探究。

二、凸显以体验为特点的课程实施过程

体验是幼儿感知世界的方式，也是幼儿建构经验的必经过程，对幼儿来说探索体验本身比直接获得知识更为重要。体验式学习理论认为：体验学习是以体验为基础的持续过程，个体围绕这样或那样的问题，在持续的思考、辩论中产生新的观点。因此在体验式学习的过程中要注重幼儿的主体地位，充分满足幼儿体验、表达、互动的需要，帮助幼儿在持续的体验中建构新的经验。

基于儿童视角的浸润式科学启蒙活动强调以幼儿为中心的学习过程，让幼儿在具体情境中通过"做中学"来掌握和运用知识，确保其在学习过程中的主体性体验，激发其好奇心、求知欲，让他们体验探索的艰辛、发现的兴奋、成功的快乐，培养他们初步的创造力及批判性思维，使幼儿不仅学科学，而且能够用科学和爱科学。以体验为特点的课程在实施中有以下特点：

首先，引导在真实的生活场景或者创设的问题情境中体验科学探究。良好的学习情境能提高幼儿的自主积极性，能激发其探索的兴趣，使幼儿能更

快融入学习过程，从而建立良好的学习态度，在情境中获得亲身体验，产生感悟，积累知识，最终学会运用知识，实现有意义的学习。

其次，赋予每位幼儿独特的体验经历。在相同的情境中，不同学习者会获得不同的体验与发现。每位幼儿或多或少都会带着一定的态度倾向进入到学习情境当中，体验的过程即是检验学习者原有的知识和概念，并使获得的新知识与原来的知识结合的过程。不同学习者通过沟通互动、分享与交流，使不同的观点与思想交互融合，在此过程中促进知识再升华，每位学习者都在亲历中体验和感悟。

（一）支持儿童在试误中体验

试误就是允许儿童通过不断尝试激活并分化的已有知识，促使有意义学习发生，在以后的系统学习中将学习表现最大化，最终提高分析问题、解决问题的能力。允许幼儿在试误中体验，一方面要求教师延迟对内容的系统讲授，给予幼儿思考与探索的时间与空间，激活幼儿的先验知识，不去干扰幼儿自主探究和不断尝试错误，让他们有权选择做什么和怎么做；另一方面，当发现幼儿遇到问题时，教师要学会等待，扮演观察者和倾听者的角色，理解幼儿当前行为背后的意图，回应和支持幼儿的想法。

总而言之，教师不必计较于某一次探究活动的成功或失败，而应更在乎幼儿在试误体验中知识能力的积累与增长，试误成功了就提出新的目标，失败了就鼓励幼儿寻找原因、继续再来，使幼儿永远不停止学习和前进的步伐。在试误的过程中，幼儿的探索能力将缓慢，但扎实地得以提高。

案例：

"兔兔乐园"搭建记

随着班级饲养的兔子"经经"和"典典"逐渐长大，孩子们提出要建一个"游乐园"，让它们也参加运动和游戏。最初的"乐园"由积木和桌椅搭建而成（如图4-6），中班的孩子们用垒高和连接等方式搭建了围墙和几条跑道，这就是1.0版的"兔兔乐园"。可孩子们发现："经经"和"典典"会翻越积木墙随处溜达，于是提出要换一种材料、把围墙建高，便开始了"兔兔乐园"2.0版的探索。孩子们把纸板箱连接起来，围成了高高的立体空间，可兔子会吃纸板，雨水还把纸板打湿了。一阵风吹过，"乐园"倒了，"经经"和"典典"竟然又"越狱"了。

孩子们提出要用PVC管子搭建一个小宝宝用的那种围栏，风吹不倒，又比较安全，于是开始了"兔兔乐园"3.0版的探索，又遇到了一系列问题。

问题一：如何把管子和转接头紧紧连在一起？

"我感觉你敲进去了。"苗苗惊喜地对小薏米说。小薏米把锤子放在地上，把管子拿起来甩了几下，转接头和管子却又分开了。原来苗苗把管子横在地上敲击，用力的角度不对，管子和转接头就不能卡紧。苗苗和小薏米能发现自己的问题吗？

再看另一组小朋友，他们把管子竖起来，一人扶着，一人敲击。这时，皮皮听到欢呼声走过来，对苗苗他们说："你们把管子平放在地上敲，是敲不紧的，轻轻一拔就会分开的。"小薏米一脸着急："我们再多敲几下，肯定就会卡得很牢。"说完又开始尝试，但又失败了。

第三次尝试，小薏米把管子竖起来，苗苗双手扶着管子，让管子不倒下。小薏米使劲踮起脚尖，尝试用锤子够到管子的一端，可试了好几次都没够到。皮皮看到后说："你身高不够，我帮你搬个椅子来，你站在椅子上试试看。"说完，转身跑去搬来了椅子。小薏米一只脚跨到椅子上："皮皮，你帮我扶着椅子哦！"皮皮点点头，"我扶着了，你不会掉下来的。"站到椅子上后，小薏米开始用锤子敲管子，敲了几下后，问苗苗："敲进去了吗？"苗苗回答："敲进去啦，我看到你每敲一下，管子都会进入转接头更多一点。"小薏米跨下椅子后，一手抓住转接头，一手抓住管子，试着将它们分开，但转接头和管子牢牢地连接在一起。"哇！这个方法有用！真的敲进去了！"三人合作继续用这个办法连接转接头和PVC管。

问题二：间距多少才合适呢？

当成功拼接了两个转接头和五根1米长的PVC管，Cici停下了手里的动

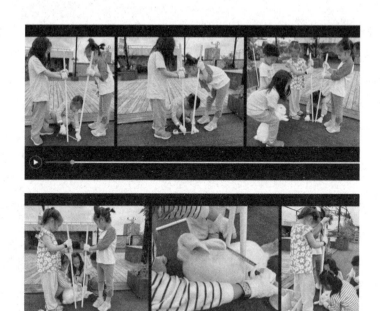

图4-6 尝试变换栏杆的间距

作,指了指两根PVC管之间的空隙,严肃地看着小蕙米说:"这里空得这么大,根本就拦不住'经经''典典'呀!"小蕙米点头表示赞同:"是呀,可是怎么把这个空隙变小呢?怎样才能让'经经'和'典典'不跑出来呢?"

　　孩子们让胖胖的"经经"来决定PVC管之间的间隔,间隔10 cm时"经经"嗖地一下很轻松地跑了出去;间隔8 cm时,"经经"跑出来的时候屁股卡了一下;间隔6 cm时,"经经"只伸出前腿就被卡住了。之后孩子们又尝试给"乐园"造门,思考"做门的材料""怎样连接门""怎样方便开关门和兔兔进出",还开始探索在"乐园"里种植适合"经经"和"典典"吃的植物。

　　在搭建"兔兔乐园"的过程中,教师提供各种材料支持幼儿探索,从开始时的积木、纸板箱到后来的PVC管。整个过程中幼儿始终带着问题操作、思考,不断被激发的兴趣使幼儿乐于参与并积极参与。经过多次的尝试、调整、再尝试,幼儿找到了试验失败的原因,获得了科学探索经验,更收获了自我认同,切实感受到自己的力量,发自内心地认为"我真棒"!

科学探究活动中要让幼儿成为活动的主体,教师所要做的是提供材料,支持幼儿在动手实践的过程中自主发现错误、解决问题,因此要创设好试误的情境,支持幼儿在错误产生后通过分析与思考来纠正错误。

(二)接纳每个幼儿有自己的成长节奏

儿童的发展是一个持续、渐进的过程,每个幼儿顿悟的时间、内容、方式与表现出的特性都各不相同,因此,我们也在思考:在开展科学启蒙教育的过程中,如何解决标准化、统一化的教学与幼儿个体不同学习兴趣、不同特点间的矛盾?如何让幼儿看见自己的成长轨迹并切实感受到自己的力量?

1. 运用马赛克方法倾听幼儿,助其绽放生命力

以前的科学探究活动基本由教师高度预设,没有体现出对儿童兴趣和特点的分析,现在我们采用马赛克方法来收集幼儿的想法、确定活动的主题,并不断完善活动计划。

马赛克方法由英国学者艾莉森·克拉克和彼得·莫斯提出,是一种为突破儿童口语、书面表达局限,将传统观察法与参与式工具(访谈、拍照、绘图、旅行、儿童会议、角色扮演等)相结合的具体研究方法。运用马赛克方法观察幼儿,能让教师更全面地洞悉幼儿的内心世界,支持幼儿在活动中思考、探索、发现和创造。我们在科学启蒙教育活动中使用访谈、思维导图和儿童会议等工具收集幼儿的想法,基于幼儿的想法确立探究活动的主题,对预设的课程计划进行改进和调整。

首先,通过访谈倾听幼儿想法,确定活动主题、目标和需要解决的核心问题。

为了了解幼儿的兴趣和需要,教师会通过访谈来倾听幼儿的想法,确定探究主题。随着家庭对户外活动的重视,露营成了幼儿的热门话题。幼儿津津乐道于家人怎样搭帐篷、怎样给充气沙发充气,还提出了关于充气沙发

的许多疑问。教师加入幼儿的谈话，基于幼儿的愿望开展了班本化探究活动"帐篷部落格"。教师通过集体访谈、小组访谈、个别访谈等方式，了解幼儿关于露营派对的策划思路，同时收集幼儿提出的问题，与幼儿一同为自然探索活动做好准备。教师结合大班幼儿的年龄特点和科学领域的核心经验，确定本次活动的目标为根据场地情况选址，搭建一个立体空间，并通过实验对空间加以改进；感知如里外、上下等空间关系。需要解决的核心问题：在探究过程中运用已有经验选择材料和场地，设计并搭建帐篷，在活动过程中观察、记录和交流搭建帐篷时遇到的问题和改进措施。

其次，运用思维导图工具呈现幼儿的探究内容，形成课程地图。

为了了解每个小组的探究过程，教师运用了思维导图，鼓励幼儿将自己所想通过可视化的方式表现出来，让自己和同伴清晰地看到自己构想的操作步骤和流程。教师把幼儿分成露营场地勘察组、材料搜集组、搭建组、充气组等数个小组，每个小组通过思维导图梳理出各个阶段的探究内容和需要做的事情。幼儿参与绘制思维导图的过程也是梳理经验、引发联想、建构新知的过程。在绘制思维导图后，教师发现幼儿的绘图细化了自己之前所说的内容，在构思上也更加缜密。幼儿很多新的想法也是在绘图之后产生的，例如：帐篷搭建阶段幼儿迁移户外运动中固定垫子的方法，利用架子和垫子在空地搭建起了帐篷。不同于往常的三角帐篷，他们设计的支撑方式从三角支撑变成了平行支撑。教师尊重每一个幼儿的想法，支持他们实施计划，并在思维导图上呈现孩子们的探索结果，最终形成的课程地图是全班幼儿智慧的结晶，同时也彰显了每个幼儿的个性。

最后，召开儿童会议，对实践过程进行回顾和反思。

儿童会议是儿童访谈的一种形式。当幼儿的意见难以达成一致时，或者探究之后，教师组织幼儿开展小组式儿童会议，让幼儿说出自己的观点，同时倾听同伴的意见，大家通过投票决定最优活动方案，再付诸实践。孩子们的探索过程充满无限可能，经过一段时间的摸索，孩子们不仅学会了使用竹竿、棍子等材料来搭建帐篷，有的小组还借用场地优势，选择让帐篷背靠某一物体，运用其他材料进行围合。幼儿对该不该在大树上绑绳子搭建帐篷意见不一，有的觉得绳子系在树上会影响树木生长，有的则认为不至于。在讨论之后，大家觉得树木会朝绑绳子的方向长弯，还可能会死亡。

除了访谈、思维导图和儿童会议，教师还会通过照片、视频等工具来理解幼儿、倾听幼儿，激发幼儿学习的内驱力，让每个幼儿的生命力得以绽放。

2. 通过"自然笔记"倾听幼儿，支持每一位幼儿充分展现自己、表达自己

《儿童的一百种语言》里写道："儿童有一百种语言，一百种想法，一百种思考、游戏、说话的方式。"由于个体差异性，不同幼儿会用不同的方式表达自己的想法，有的幼儿擅长用语言，有的幼儿更喜欢通过图画的形式表达自己对事物的理解，并以此表达和交流自己独特的想法。我们尝试给每个幼儿配备一本"自然笔记"，鼓励幼儿将自己的发现、操作的过程和结果用绘画、表格、符号等不同方式记录下来，教师一对一"倾听"，了解幼儿的兴趣，捕捉幼儿的问题和需要，并给予探索方面的支持。

案例：

凌凌的"自然百科全书"

在"探秘大树"活动中，凌凌没有参与集体讨论和交流，难道她真的没有任何问题吗？教师翻阅凌凌的记录本，却发现她观察了松树后，在记录本上画下了好几个问题。一对一询问后，教师了解到凌凌主要有三个问题："为什么松树的叶子和其他大树的叶子不一样，是一条条的？""为什么松树树干上有一圈圈纹路？""为什么松树的叶子是带刺的？"凌凌平时不爱用语言表达自己，却喜于在记录本上画下自己的探索和发现，记录本给她提供了一个与外界交流的平台，支持她用和别人不一样的方式表达自己。教师在"倾听"之后，开始思考如何让凌凌在探究活动中有更多体验。经过与凌凌家长沟通，凌凌在教师指导下完成了关于上述三个问题的调查，并和其他幼儿分享了自己的问题和发现。凌凌第一次在集体中勇敢表达自己的经历让她体验到与同

图4-7　关于松树的问题和发现　　图4-8　格桑花开了　　图4-9　棉花里有硬硬的种子

伴分享思想的快乐。这次分享还引起了其他孩子的兴趣，大家有关于植物的问题都会问凌凌，凌凌都一一回答。凌凌开始关注"秘密花园"里的各种植物：第一朵格桑花开了，棉花的花里面有硬硬的种子……各种关于植物的秘密被凌凌记录在"自然笔记"中，她甚至开始关注裸露在外面的树根以及太阳在"秘密花园"的变化等等，不断发现问题，再通过各种方式查找资料、记录答案，揭秘"秘密花园"的一草一木、一花一叶。凌凌的记录本也成了大家喜欢在自主游戏时翻阅的一本"植物百科全书"，凌凌的个体经验通过这本"自然笔记"向集体经验迁移。

《幼儿园保育教育质量评估指南及评估手册》中师幼互动关键指标的考察要点之一是：重视幼儿通过绘画、讲述等方式对自己经历过的游戏、阅读图画书、观察等活动进行表达，教师能一对一倾听并记录幼儿的想法和体验。设置记录本给了成人更多的机会站在幼儿的角度去发现幼儿真实的想法以及他们对生活的真实理解，理解幼儿的观点，并以此进行研究反思。记录本能满足幼儿多元表达的需要，因为有些幼儿像凌凌一样，善于通过图画与外界交流；记录本支持幼儿用另一种方式展示自己，如幼儿选择的色彩、喜欢记录的物体都能体现出幼儿的真实情感。

我们设置的“自然笔记”内页是空白纸张，为幼儿多元化表达提供充分的空间，幼儿可以选择自己想要做什么样的记录、选择哪种类型的符号进行记录，同时尊重幼儿的个体差异性，允许幼儿用不同的方式进行记录，允许幼儿有与众不同的奇思妙想。在记录过程中，教师组织幼儿一起讨论记录的方式，例如使用什么样的符号进行记录，并和幼儿一起制定各种各样不同的记录表，给予幼儿更多的选择权。

图 4-10　使用表格记录

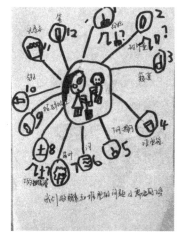

图 4-11　使用思维导图记录

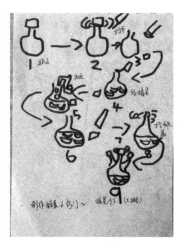

图 4-12　使用流程图记录

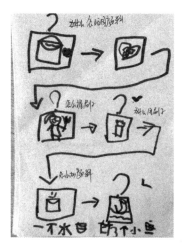

图 4-13　使用问题链记录

设置"自然笔记本"是为了让教师当好"倾听者"。在瑞吉欧的教育理念中，教师或成人在与幼儿的关系中最重要的作用便是倾听、观察和理解幼儿。当幼儿在表达自己天马行空的想法时，教师不应轻易打断幼儿，而是应该鼓励他们表达自己的奇思妙想，用心感受幼儿的语言、体会幼儿的看法。

科学启蒙教育活动是幼儿基于自身发展水平经历科学探索、发现，获得科学知识经验，对周围事物产生印象的过程，因此在实施中要让每个幼儿都有所实践、有所体验，这样的经验才会成为幼儿内心非常强烈的感受，才会为幼儿今后的科学学习奠定基础。

（三）以探究实践为主要方式开展活动

探究和实践是科学学习的主要方式，热衷于探究也是儿童的天性。探究既是科学学习的目的，又是科学学习的方式。因此对幼儿来说，探究的过程比掌握具体的知识更重要。教师在教学中要让幼儿经历提出问题、作出假设、制订计划、搜集证据、处理信息、得出结论、表达交流和反思评价整个过程，既"动手"又"动脑"。

浸润式科学启蒙活动中以探究实践的主要步骤如图 4-14。第一步：提出问题。幼儿在浸润式科学启蒙环境中通过观察和操作获得有关信息，逐步聚焦问题，教师主要了解幼儿已有经验。第二步：预测和猜想。教师与幼儿、幼儿与幼儿之间进行讨论，提出对答案的预测并用不同方式记录下来。第三步：实验设计。教师指导幼儿尽可能把实验步骤想清楚，最好记录下来。第四步：观察实验。幼儿通过视觉、听觉、触觉、味觉、嗅觉等感官去感受实验的过程，使用工具测量、试验。第五步：收集数据和分析。记录观察到的信息和实验中获得的数据，并加以整理和分析，找出现象背后存在的规律。第六步：结论和表达。这是探究实践中的重要环节，幼儿用科学的语言描述其亲身经历的、丰富而又复杂的科学探究过程，并试图告诉别人。第七步：新的探究。集体讨论，回顾探索过程，联系生活实际，提出新的问题。

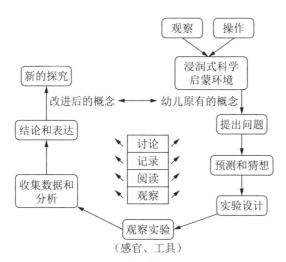

图 4-14　浸润式科学启蒙活动探究实践的步骤

　　下面以"保护橘子"为例来进一步讨论科学启蒙教育活动中如何体现探究实践的各个步骤。

案例：

保护橘子

　　秋日午后，孩子们散步来到橘子树下，观察橘子长大了多少、有没有结出新的果子，结果却发现草地上有几个掉落的橘子，他们觉得十分可惜，于是问道："橘子怎么掉在地上了？"随后孩子们围在一起探讨橘子掉落地上的原因："这些橘子长熟了，会自己掉在地上的吧。""橘子是破的，是鸟吃的吧。"……接着，有孩子提出："我们要把鸟赶走。""对，要想办法让鸟吃不到橘子。"基于在自然中的观察，孩子们猜测橘子掉落的原因，又进一步提出保护橘子的计划。

　　"橘子从树上掉落"这一常见的自然现象引发了孩子们的兴趣，让孩子们提出了关于掉落橘子的各种猜想。此时教师扮演"倾听者"，提供足够的时间支持幼儿思考和讨论，聆听幼儿的想法并给予回应，以便在接下来的探索过程中提供相应的支持与指导。对如何保护橘子，幼儿萌发了很多天马行空的想法，教师组织幼儿讨论，支持幼儿针对猜想提出实验计划，如想知道橘子掉落是不是鸟儿啄的，就要证明后花园是不是有鸟儿来过，可以做个小实验进行验证；想要知道是不是风儿吹的，可以深入实地去检测和记录。

教师鼓励和引导所有幼儿都参与其中，大胆地表达想法，并鼓励幼儿说："想要解决你们的问题，要去调查、实验。"幼儿经过讨论交流，形成了3个探索小组：一是排查组，收集掉落的橘子，统计数量，进一步排查橘子掉落原因；二是驱鸟组，观察后花园有什么鸟出现，悬挂驱鸟物品；三是套袋组，使用各种材料把橘子藏起来。接着每个小组针对不同的假设制订了实验计划。整个活动以探究实践的方式开展，具体步骤如图4-15所示。

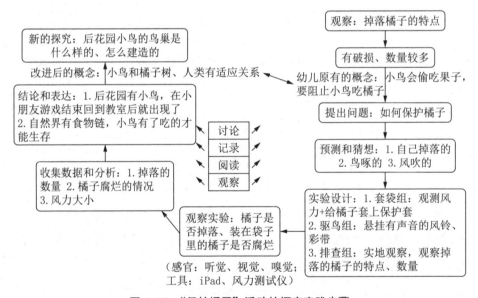

图4-15 "保护橘子"活动的探究实践步骤

套袋组通过测试风力发现，后花园风力大的时候，橘子树会摇动。他们又通过测试发现橘子树下风力最大时有6级，于是断定强劲的风能把橘子吹落下来，便计划给橘子制作保护套。小杭把塑料袋套在橘子上后，一阵风把塑料袋吹走了。宁宁说："瞧，风确实很大，塑料袋不固定是不行的。"佳佳说："那我们把塑料袋下面扎起来。我和妈妈去摘过葡萄，葡萄架下装葡萄的袋子口就是拧在一起的。"于是孩子们又跑去材料库寻找用于封袋口的材料。小杭找来了麻绳，宁宁找来了一个瓶子，佳佳找来了扭扭棒。小航想用麻绳缠绕住袋口，尝试了很多次，说："麻绳缠绕需要打结，我不会打结，所以麻绳很快就松了。"佳佳把袋口捏紧，再用扭扭棒缠绕，成功封住了袋口，她告诉同伴："扭扭棒不用打结，只要缠绕就好。"宁宁想把自己选择的瓶子直接套在橘子上，却发现瓶口太小套不上，瓶口太大又会滑落。孩子们在尝试与观察中发现了不同材料的特点，还向同伴学习，尝试新材料，寻找最适合做保护套的材料。

驱鸟组的幼儿在橘子树上悬挂风铃、彩带和雨伞，观察声音、颜色和遮挡对小鸟的影响，但是在幼儿活动时间里小鸟并未出现。到底后花园有没有小鸟呢？

孩子们在后花园的草地上找到了大小、颜色不同的羽毛，还在一棵高高的水杉树顶上发现了大鸟窝。孩子们对探究过程进行了回顾和反思。套袋组的幼儿说："我们通过测试仪观测发现，橘子树下的风力有时大有时小，在我们观察的时候橘子没有被风吹下来。"排查组回顾说："我们组数了一下，周一橘子树掉了5个橘子，周二掉了3个橘子，都是有洞的。我们组认为橘子应该是被鸟儿啄下来的。"经过讨论，孩子们都认为后花园有小鸟的踪迹，只是小鸟怕人类，所以没有在孩子们玩游戏的时候出现。教师给孩子们提供了iPad，架在橘子林旁边，拍摄到当孩子们离开"秘密花园"后小鸟飞回来了。

孩子们看到iPad拍摄到的后花园的小鸟雀跃不已，他们开始辨别鸟的种类："这只鸟我认识，它身上有白色和黑色的羽毛，它就是喜鹊。""这只不就是小麻雀吗？""看这只，嘴巴黄黄的，是什么鸟啊？真漂亮！""喜鹊是爱吃果子的鸟，偷吃橘子的肯定是它。"孩子们对后花园隐藏的鸟类朋友产生了探秘的兴趣，于是教师询问道："我们还要驱赶小鸟吗？"有孩子提出新的想法："小鸟没有吃的，会死的，不能阻止小鸟吃橘子。"也有孩子回应说："是呀，小鸟是人类的朋友。我们人类要和动物一起共生。"还有幼儿提议说："可以准备一些小米、蔬菜和水果放在后花园，小鸟有食物吃，就不会吃橘子了。"

最后，孩子们用同理心体会动物、植物的感受和想法，并与自然建立起情感联结。紧接着，新的探究开始了——后花园的小鸟有哪些种类？鸟巢建在哪里？是什么样的？

幼儿在教师的支持和陪伴下，根据观察到的橘子落在地上的现象，猜想橘子掉落的原因，提出假设：鸟儿爱吃果子，所以是鸟儿偷吃果子的时候把橘子啄掉了。想知道橘子是不是鸟儿啄的，就要证明是不是有鸟，证明鸟儿是否来过，要去观察后花园有没有鸟出现。为了验证自己的猜想，孩子们使用各种材料把橘子藏起来，还用 iPad 拍摄小鸟的踪迹，最后通过分享回顾解决问题的过程。探究活动激发了幼儿的探究热情，产生了更多的问题，于是探究活动深入推进，幼儿成为主动学习者，高阶思维不断发展。我们可以总结出通过探究实践开展浸润式科学启蒙活动有两个重要特征：一是对幼儿适宜探究的科学问题设计基于实证的过程，二是在师幼互动、幼儿间互动的环境中，由学习者主动进行的探究。

三、在持续对话中深化课程的路径和方法

十多年来，在张江经典幼儿园开展幼儿科学启蒙教育的研究和实践中，管理者和教师一直是课程研究的共同体，在互相学习、分享中思考课程的建构与推进方式。管理者把教师视为课程的构建者、参与者、实施者、反思者，创设各种机会和平台，鼓励教师捕捉班级幼儿的兴趣，通过幼儿之间、幼儿与教师之间平等对话实现教案向真实课程的转化，激发幼儿主动参与、积极思考、持续探究，促进幼儿的深度学习。

案例：

你好"鸭"

片段一：小鸡还是小鸭？

一天，大班的哥哥一早给弟弟妹妹们送来了 5 只小鸭子，孩子们激动得

纷纷围着小鸭子想要一探究竟。孩子们和新朋友的故事，也从这里开始了。

"小鸭子可真可爱呀！"樱桃在一旁蹲着感叹道。

"是的，它们还总是叽叽叫呢！"令令附和着。

"小鸡才叽叽叫！小鸭才不叽叽叫！"恬恬立马反驳道。

"小鸡真好玩！毛茸茸的，叫起来也很可爱！"雷宝说。

"不对！这是小鸭！"年糕指着雷宝大声说。

看到孩子们争论不休，我问："这到底是小鸭还是小鸡呢？""是小鸭！哥哥说是小鸭！"年糕急忙说。

"不对！小鸭子是嘎嘎叫的！才不是叽叽叫！"雷宝说。

"肯定是小鸡！你看，它们的毛是黄黄的、毛茸茸的！我见过小鸡就是这样的！"呵呵赶忙说。

"不对不对！小鸡的嘴巴是尖尖的！小鸭的嘴巴是扁扁的！"末末指着小鸭的嘴巴说道。

"对！肯定是小鸭！老师说过小鸭子的脚趾是连起来的！你看，它们就是这样的！"策策一本正经地说。

"可是小鸭子为什么叽叽叫呢？"

"鸭子小时候是叽叽叫，长大后就嘎嘎叫了。"教师回答道，"那你们知道小鸡和小鸭有哪些不同吗？"

"小鸡会吃虫！"

"小鸭会游泳！"

"小鸡嘴巴尖尖的，小鸭嘴巴扁扁的！"

孩子们又七嘴八舌地讨论了起来……

片段二：小鸭爱吃啥？

有了小鸭子之后，给小鸭子送饭成了小朋友们最喜欢的事，照顾小鸭子变成了我们班的日常活动。每天孩子们都会让生活老师把多余的饭留下来给小鸭子吃，可是过了几天孩子们发现小鸭子常常会剩下很多食物。

大宝说："小鸭子今天又没有吃完饭呢。"

泽泽说："昨天给小鸭子吃的是白米饭和大包菜，小鸭子也没有吃完。"

"你们想知道小鸭子喜欢吃什么？"教师引导幼儿明确要研究的问题。

"小鸭子不喜欢吃米饭吧。"小笼包说。

"我觉得是因为天天都吃米饭，小鸭子才不喜欢的。"乐乐说。

"那小鸭子喜欢吃什么？"教师鼓励幼儿根据已有经验猜想。

"小鱼和小虾。"恬恬说。

"蚯蚓。"乐乐说。

"青菜和胡萝卜。"大宝说。

"为了证明小鸭子喜欢吃什么，我们可以怎么做呢？"教师引导幼儿思考如何收集证据。

"我们把所有的食物都放在那里，看它吃哪个就是喜欢哪个！"恬恬提议。

"这是一个好方法吗？"教师启发幼儿思考实验设计是否合理。

"有了！每天放不一样的东西！"悦之补充说。

"我们应该观察什么？怎么记录？"教师引导幼儿明确观察和记录要点。

"观察喂了什么食物，记录小鸭子有没有吃。"泽泽回答。

"早上喂的时候拍张照片，下午放学前再看一次，再拍张照片。"大宝补充说。

第二天开始，孩子们轮流带上猜想的小鸭子爱吃的食物来幼儿园。每天早上，孩子们非常开心又充满期待，一到班级就迫不及待地拉着老师的手去喂小鸭子。

一周后，大家将每天的照片进行对比，总结出了小鸭子喜欢吃青菜、白菜、胡萝卜、米饭、虾米、小鱼干等，最爱吃虾米和小鱼干。

片段三：鸭鸭幼儿园

小鸭子渐渐长大了，孩子们发现小鸭子经常从它住的箱子里"越狱"，于是孩子们想要给小鸭子制作一个新家。

"小鸭子总是越狱，这可怎么办？"

"把原来的箱子封起来，它们就出不来了！"

"不行！它们会闷死的！"

"用一个更大的箱子！"

"小鸭子喜欢游泳，我们可以把新家放到池塘旁边去！"

"对了，小鸡的家有2个，可以把一个让给小鸭子住！"

"可是那个'房子'有点重！"

"我们可以找门卫叔叔帮忙呀！"

于是，孩子们找到老师，希望能将幼儿园里饲养的小鸡的"房子"移一幢出来给小鸭子，并请门卫叔叔帮忙把小鸭子的"家"搬到了小池塘边。小鸭子住进了新"家"，孩子们开心地放小鸭子出来游泳。可是，当小鸭子游好泳准备上岸的时候，孩子们却发现小鸭子并没有回到鸭舍，而是到处乱跑。

"'鸭鸭幼儿园'可以怎么改造呢？"

"鸭鸭幼儿园要有个围墙，就和学校一样！"

"小鸭子的房子里空空的，要铺点东西保暖才行！"

"小鸭子的房子里可以放点吃的，这样它们就不会饿了。"

"对对！还要放点水！"

孩子们再次找到门卫叔叔，告诉了他自己的想法，请门卫叔叔帮忙给"鸭鸭幼儿园"装上围栏，并且增添了稻草、水盆、纸箱、饭盆……小鸭子的住宿条件变得越来越好。

这个案例源于一次师幼共同观察小鸭的探究活动，如果教师和幼儿仅仅去观察小鸭，观察之后给小鸭、喂食、搬家的探究就会遗失，正是教师与幼儿、幼儿与幼儿、师幼与小鸭之间发生的多元对话使一次观察活动成了一系列的探究活动，幼儿的已有经验也得以迁移和改造，新经验不断生长，这才是深度学习的价值所在。

多元对话并不能随意产生，它的发生需要一些基本条件。

（一）平等的主体关系

如案例中幼儿在观察小鸭子后主动发起"小鸡还是小鸭"的讨论，教师选择倾听；当幼儿提出"小鸭为什么叽叽叫"时，教师就自然地融入幼儿的讨论、回答幼儿的问题。整个交流过程中幼儿和教师都很放松，教师信任幼儿，教师成为幼儿的回应者而不是对话的发起者，与幼儿一起观察，分享经验，解决问题。教师和幼儿是平等的，对话才会自然进行，高质量、更持久的对话就会产生。

（二）具有挑战性的活动

如果活动只能动手而不能进行"内部活动"，它将不能产生真正的对话。如案例中，在照顾小鸭子的过程中，通过观察，孩子们发现了小鸭子剩饭的问题并就此开展了讨论。讨论过程中教师试着用"小鸭子喜欢吃什么的问题"引发幼儿思考，随后通过"需要怎么观察"的问题让孩子尝试解决面临的问题，最后提出过程中可能遇到的"如果忘记了前面一天有多少怎么办"的问题，帮助幼儿进一步完善观察计划。面对教师的一次次提问与追问，幼儿运用自己的方式思考解决问题，通过不断地观察、发现，并且在这一周中坚持拍照记录，最后再将照片进行对比，推断出小鸭子爱吃的食物。

（三）善于倾听与回应的教师

《儿童的一百种语言》中提到：成人的投入对幼儿的知识建构是一项决定性的贡献。瑞吉欧教育法也强调："成人、儿童与整个环境互相倾听的积极态度是每种教育关系的前提和语境。"教师要善于回应幼儿，不仅接住幼儿"打过来的球"，也要自己"把球打回去"，同时还要引导幼儿之间相互"对打"。案例中教师在组织幼儿讨论小鸭子吃什么的互动对话中，支持幼儿猜想、设计实验计划来解决问题。对话过程中，教师每次回应都是在倾听幼儿的基础上进行的。

在实践中逐步形成从师幼对话着手深化浸润式科学启蒙活动的路径，即确定探究的问题—启发幼儿猜想—启发幼儿计划实验—启发幼儿搜集数据，如图4-16所示。首先，通过师幼对话确定幼儿想要了解什么，从而聚焦问题，确定研究的主题。只有了解幼儿的需求，才能保证课程对幼儿是有价值的。其次，通过组织幼儿讨论，启发幼儿明确猜想和计划实验。最后，搜集已有的数据，为下一步计划做准备。师幼对话是课程深化的方法，而师幼平等的关系是师幼对话的核心。只有找准主题，不断发掘教育的价值，才能在主题的牵引下把学习主动权交给幼儿，让幼儿能够在探究实验中有所发现。

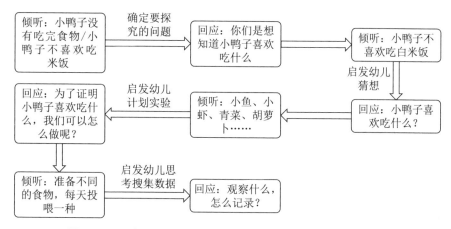

图 4-16   浸润式科学启蒙活动中师幼对话建构课程的思考路径

浸润式幼儿科学启蒙
教育的支持体系

第一节　文化打底，营造浸润式教育氛围

一、营造平等共生的师幼关系

浸润式教育环境的创设需要教师转变角色定位，教师在幼儿园并不只扮演教育者的角色，还要从语言、行动中建立起与幼儿融洽和亲密的如家人般的关系，这种关系的建立能够给予幼儿力量。在教师和幼儿建立起良好的情感之后，幼儿才能完全接纳教师。只有在幼儿接纳教师之后，教师才能成为幼儿心目中的权威和榜样，幼儿才会自发地受到老师的感染和引领。良好的师生关系会筑起牢固的情感纽带，这种情感会扩散开来，扩展为幼儿与同伴的良好关系、幼儿与物品的良好关系。在这样的情感支持之下，幼儿会遵守教室里的群体原则，互相尊重、互相爱护。通过营造温馨安全、和谐平等的环境，能促进幼儿的自主性探索，让幼儿积极参与到每一项活动之中，主动获取知识、感受乐趣。因此，温馨、安全、积极、愉悦、宽松、和谐是我们浸润式心理环境的建设目标。

（一）赋予幼儿参与权与决策权，建立家庭般温馨、安全的环境

教师和幼儿如家人般生活在一起，与幼儿之间的关系是平等的。在幼儿园里，教师用亲切的话语、甜美的笑容、真挚的关心努力营造家的氛围，在和幼儿相处时应多用积极的语言鼓励幼儿，不带任何偏见地对待每个幼儿。在充满关爱与期待的交流、互动中，幼儿不需要巴结与讨好教师，能真实地表达自己的想法和愿望，明白自己对环境创设的参与权与决策权，教师倾听与挖掘幼儿的真实需求，积极采纳幼儿的意见并运用于课程决策中，成为幼儿的支持者与

合作者，使幼儿感受到来自教师的期待与信任，更有幸福感和安全感。

（二）欣赏幼儿的问题与质疑，打造积极、愉悦的活动氛围

我们不断思考，怎样让教师发自内心地快乐工作，改变一提到教育就认为那是很辛苦的看法？为什么不能把教育变得非常愉快，成为一段曼妙的旅程？我们尝试让每个教室都成为很有魅力的地方，每天平淡而又真实，将教育融入日常生活，使所有的教育目标都能在不经意间达成。

幼儿与幼儿、教师与幼儿交往合作中都会产生很多问题，教师要敏锐地捕捉到幼儿最感兴趣的话题、最热衷的活动，并找到适宜的机会"顺理成章"地走进幼儿的世界。当教师对幼儿提出的问题给予欣赏与鼓励时，幼儿才会不断地积极思考，这就是理想的活动氛围，幼儿在这样的氛围中才能敢于表达自己的想法、问题，敢于质疑，敢于提出意见和建议。当教师成为倾听者、欣赏者、共情者，以儿童的视角去体察幼儿的内心，心悦诚服地尊重幼儿的意见和需求，才能形成积极、愉悦的环境氛围，教师和同伴的鼓励、接纳与欣赏是幼儿自信的源泉与不断探究的动力。

（三）接纳每一个幼儿的不同，创设宽松、和谐的发展环境

教师要放弃自以为是的判断，放下高高举起的成人标尺，悦纳儿童的行为表现；要响应儿童的自然天性，把促进儿童主动、快乐生长作为教育的出发点和落脚点；要以"蜗牛散步"的气度，陪伴和欣赏儿童每个点滴的进步。

我们注重为每个幼儿提供充分体验与感受的环境，关注每个幼儿的真实成长经历，鼓励每个幼儿表达意见与想法，并接纳每个幼儿的不同。我们创设宽松、和谐的发展环境，对幼儿在学习中的行为进行记录、分析，从而判断幼儿的发展现状及水平差异；了解幼儿在学习过程中存在的问题，从而适时调整教学策略，对幼儿进行适宜的指导，使每个幼儿在最近发展区内获得提高。

二、铺设"爱与阳光"的文化底色

校园文化是一所幼儿园的精神底色，是所有生活于其中的人所秉持的理念和文化共识。我们相信，教育是生命影响生命的事业。我们如何滋养教师

的生命，她就会去做什么样的教师。因此，在幼儿园，我们主要通过以下举措着力营造"爱与阳光"的"家"文化：

举措之一：环境浸润影响。幼儿园在各园区的环境创设中充分融入了"家"的元素，把幼儿园倡导的价值观，如"没有完美的个人，只有完美的团队""彼此欣赏是最完美的相处"等融入环境，让教师每天映入眼帘，不自觉印于内心，慢慢成为她们脑海中固有的思想。

举措之二：多元活动推进。开展"生活启示录"空中讲坛，教职工分享生活感悟、小确幸以及积极面对挑战的"阳光"故事；结合节庆开展"牢记使命·幸福前行"（"经典时刻"现场访谈）；开展年度"阳光教师""品质教师"等表彰活动、"浸润书香·悦读悦心"活动。让教师在活动中受到感染，在关爱中感到温暖，体验团队精神带来的成功喜悦。

举措之三：园长专题分享。结合每月一次的园务会议，园长根据教师队伍发展现状开展专题分享，从教师关心的、喜爱的事物入手，结合教师工作中的具体事例，并引用当下热剧的精彩花絮、有启发性的文字片段激发教师兴趣，进而拓展范围、放大格局联系到大背景、大环境与个人的关系，突破专业发展的局限，关注教师自身生命状态，从而让每一次园务会议都成为教师"心灵洗礼"和"能量充电"的场域。

已开展的专题分享包括：

从生活入手，连接生活与工作：生活像花一样

从自我入手，连接自我与团队：提升专业能力，铸就职业尊严

从幸福入手，连接幸福与成长：做幸福女人，过体面生活

从美文入手，连接美文与感悟：让我们一起实现梦想

从热剧入手，连接热剧与生活：有控制才能有把握

案例：

专题分享：有控制才能有把握

背景：幼儿教师每天既要面对繁琐的工作，又需要保持稳定的情绪状态，

这对教师的情绪控制能力有很高的要求。因此，园长选择情绪控制、自我管理、专业精神这些幼儿教师关注的话题，开展了专题分享。

内容：1. 专题分享的两部分

控制是人生的必修课——情绪控制

会控制才能成长——自我管理

2. 各部分内容与分享方式

（1）情绪控制能力

园长先举例杨澜和丈夫吵架未能控制好情绪对孩子产生影响的事件，借杨澜之口提醒为人父母者要尽量在孩子面前控制自己的情绪，还列举了周边鲜活的事例来说明情绪控制能力强的父母培养出来的孩子更优秀。让教师感受到会控制情绪才能把握幸福的生活。

（2）自我管理

园长通过讲述身边教师的事例，让在场教师感到加强自我管理很重要。通过管理好自己的时间，提高工作效率，控制好自己的欲望，不拖延，多学习，能让自己更自由。

（3）专业精神

园长先读了一封幼儿家长的表扬信，通过表扬信令教师感悟到情绪稳定、有专业精神的教师是受家长欢迎的。接着，让大家看电视剧《心术》的几个片段：乌美人受到投诉不以为然，觉得自己说话直来直去没有错，但在观摩了主任的手术以及自己生病后切身感受到医生不仅要治好病人的身体，更要走进病人心里，带给他们希望。有专业精神的教师要会控制住自己的主观情绪，要说该说的话，要带给家长信任、希望。医生讲究仁心仁术，我们应该讲究仁心仁教，关照孩子的发展，也关照家长的心灵。

专题分享讲的是为人、为师、为母的道理，说的是教师自己的故事，使听讲的教师深受启发，逐渐改变自己。

三、创设"乐思悦享"的团队氛围

浸润式科学启蒙教育作为一种新的课程实践样式，在探索过程中，教师会遇到很多困惑和挑战。因此，我们注重在团队中营造"乐思悦享"的氛围，即鼓励教师针对课程实践开展反思，并在团队中营造安全、包容的分享氛围，促进群体经验和智慧的生成。

"悦享慧"就是有效举措之一。首先，从字面上分析，"悦享慧"的"悦"取的是"月"的谐音，顾名思义就是每个月都要找一个时间和教师一同分享实践过程中的点滴经验，且这是一件"悦"事。

（一）享选点

在张江经典幼儿园"科学点亮生活"的办园理念指引下，我们注重引导幼儿发现科学在生活中无处不在，并在生活中开展浸润式科学启蒙教育实践。为此，我们在"悦享慧"上用实例帮助教师理解科学在幼儿的生活中随处可见的内涵，如"看见细菌"小实验，用洗过和没有洗过的手分别接触面包片，观察两者会让面包产生完全不同的细菌繁殖效果；在不同的场地拍球，体会皮球反弹出不一样的力量；观察纵向垒成"品"字形的"轮胎山"一旦被移动，下面两个轮胎朝前滚而上面的轮胎则是向后滚……当我们把这些教师熟视无睹、习以为常的现象呈现在屏幕上时，教师的视角一下子被打开了，纷纷感慨原来看似平常的现象都蕴含着科学道理，我们需要和幼儿一起学习。

（二）享做法

在班本化实践项目开展初期，教师还不太习惯用思维导图在幼儿面前汇总讨论意见。于是，我们的"悦享慧"就从目标定位出发，围绕"发现儿童眼中的科学"主题，列举"蝌蚪来了""叮咚，您的快递已到达""西瓜宝宝变形记""蚕宝宝""镜子王国"等若干个班本化实践项目的思维导图，利用项目化学习开展初期的导图和实施中期的导图作比较，分析幼儿的兴趣和项目实施计划不断调整、追随幼儿发展的做法，用教师身边的事例帮助教师进一步理解师幼在项目活动中共商、共议、共研、共寻、共探，乃至实现共同发展的愿景。

（三）享成效

讲课程故事是教师在实践研究基础上，选择实践项目推进过程中的关键事件进行梳理，以讲故事的方式进行介绍的一种经验分享重要途径之一。我们在"悦享慧"上选择了凌薇老师的"堆肥日记"、陈懿华老师的"你好'鸭'"、周晓燕老师的"蜗牛出逃记"、林岑燕老师的"你好，弗莱威"等实施成效比较好的实践课程进行故事分享。教师从"听别人讲故事"出发，逐渐学习自己怎样写好、讲好课程故事，让教师看到自己努力尝试的方向是正确的，思考怎样达成推动幼儿深度学习的目标。

我们把园本模式化的"月享会"做成了教师们喜爱的"悦享慧"，分享的不仅是实践中的些许经验，更有价值的是分享了教师在实践研究中的智慧。

第二节　专业精进，打造科学启蒙师资队伍

浸润式科学启蒙教育的质量取决于教师的专业素养和生活态度、能力、经验，更取决于教师在共同生活的世界中与幼儿对话的课程理念和素养。"经典乐园"不仅是儿童生活、生长的地方，也是教师生活、发展的场所。我们不仅注重幼儿的成长与幸福，也关注教师的成长与幸福。在十几年的队伍建设中，我们也积累了一些支持教师实现幸福生活和专业成长的经验。

一、构建培训课程体系，为教师科学素养奠基

张江经典幼儿园专门编写了《张江经典教职工培训课程》，科学启蒙教育培训课程是其中的一块，逐渐形成了一些针对科学启蒙教育的不同阶段适用的培训课程。

表 5-1 张江经典幼儿园科学启蒙教育培训课程

阶段	培 训 内 容
第一阶段	"张江大家庭"科学课程家庭实施中教师角色的定位与思考
	"张江大家庭"科学启蒙教育课程评价的实践与探索
	"张江大家庭"科学启蒙教育途径的设计与思考
	"张江大家庭"幼儿科学启蒙课程目标的设计与思考
	幼儿科学启蒙教育中"问题墙"创设的研究
	"张江大家庭"科学启蒙教育的实施
	"张江大家庭"科学启蒙教育的实践与探索
	"张江大家庭"科学启蒙教育要求的制定与思考
	幼儿科学启蒙教育中活动内容选择的思考与实践
第二阶段	浸润式教育视野下幼儿科学兴趣广泛性的培养
	浸润式教育视野下幼儿生命科学知识的积累
	浸润式教育视野下幼儿物质科学知识的积累
	浸润式教育视野下幼儿生活科学知识的积累
	浸润式教育视野下幼儿提出问题能力的培养
	浸润式教育视野下幼儿解决问题能力的培养
	浸润式教育视野下幼儿处理问题灵活性的培养
	浸润式教育视野下幼儿表达流畅性的培养
	浸润式教育视野下幼儿科学素养培养的途径
	浸润式教育视野下幼儿科学素养培养的方法
	浸润式教育视野下幼儿科学素养培养的形式
	浸润式教育视野下幼儿科学素养培养的策略
	浸润式教育视野下幼儿科学素养培养的评价
第三阶段	依托张江科探基地,开展幼儿浸润式科学启蒙活动目标的制定
	依托张江科探基地,开展幼儿浸润式科学启蒙活动的策略
	依托张江科探基地,开展幼儿浸润式科学启蒙活动的方法
	依托张江科探基地,开展幼儿浸润式科学启蒙活动的形式
	运用学习故事开展幼儿科学素养评价的研究
	运用个案跟踪开展幼儿科学素养发展评价的研究
	运用自然笔记开展幼儿科学素养发展评价的研究
	是"玩家"更是"学习者"——在科学活动中触发幼儿主动学习
	让幼儿的学习看得见——在户外探索活动中支持幼儿深度学习
	CLASS 视角下自然探索活动中的师幼互动分析
	凸显儿童视角的"浸润式自然探索"课程实践

这些主要是科学启蒙的通识培训内容，主要包括科学课程的理念、目标、实施策略和评价，也包括园外科学特色幼儿园的先进做法。通识培训安排在每年暑假或者开学前，由特色课程开发小组组织全体教师进行培训，让教师更新教育理念。

二、体验式培训，在情境中学习

教师作为幼儿科学教育的直接引领者，其科学素养的高低直接决定了浸润式科学启蒙教育的质量，影响着幼儿的科学素养。因此除了通识培训，我们也注重提升教师科学素养的培训。我们发现创设体验式培训环境，使教师真正参与其中，拥有感受和表达的机会，能使教师的科学素养获得真正的提升。下面以一次培训活动为例来回顾情景体验培训给教师身心发展带来的收获。

案例：

夜诱蝶蛾

2021 年 9 月，新的课题《依托张江科探基地，开展幼儿浸润式科学启蒙活动的实践研究》立项后，我们着手建设幼儿园的科农基地，如何与自然建立联系，走近、触摸、观察、发现，在户外自然探索活动中成为一名合格的"领队"成了教师们面临的挑战。于是幼儿园策划邀请专家带队为教师开展一次体验式培训活动。本次活动由张宁老师带队，他是中国研究蝶蛾的专家，曾带领昆虫爱好者前往巴西亚马逊热带雨林、马来西亚婆罗洲热带雨林和印尼科莫多岛观察和拍摄蝶蛾。

本次体验活动的内容是夜诱蝶蛾，包括搭建诱捕网、采集标本。雨后傍晚，张宁老师带队在科农基地搭建夜诱蝶蛾的设施，教师商量选址，分工合作拉幕布、系绳，通过实践了解了每个步骤的作用，学习了正确的设施搭建方式，也体验到了孩子们动手实践的乐趣，并对接下来诱捕蝶蛾的环节充满了期待。

布置完诱捕网后，张宁老师讲述了自己坚持了 35 年的"蝶行中国"之旅科考活动，向大家展示了多次入驻热带雨林昆虫营地拍摄的生动照片，为大家揭开了蝶蛾世界的神秘面纱。

夜幕降临，终于到了大家最期盼的时刻。经典园区的教师走进了夜幕下的"秘密花园"，聚集在灯诱点认真地找蛾子。有的教师说："如果孩子们能亲手抓蛾子，肯定很惊喜。""孩子们肯定一拥而上，可能要多几个引诱点。"有的教师说："我小时候也会去抓蛐蛐。""我小时候抓知了，跟着大孩子一起，又害怕又好奇。"活动中，教师换位思考猜想幼儿的兴趣和需要，也回想着儿时的快乐。在张老师的耐心指导下，教师亲自捕获了蛾子，并学习简单的标本采集方法，并发现原来幼儿园百草园里的灯蛾有 10 种以上，其中广鹿蛾和淡剑贪夜蛾为优势种（各有 10 多头）。

最后的围圈活动对自然探索过程中遇到的问题进行了深入剖析：如何应对不同的孩子，比如规则感弱的、怕脏的，如何在孩子们完成探索后引导鼓励分享交流，如何解决小组中孩子们的矛盾……教师从经历过的案例入手开展探讨，进行经验总结，得出实战方法。

此次夜诱蝶蛾体验式培训活动让教师作为参与者和专家一起研究蝶蛾，使教师不自觉地思考如何当"领队"——组织幼儿在大自然中做游戏，还唤起了教师儿时的记忆，使他们更深切地感受自然探索的乐趣，同时也感受到了张宁老师身上专注和深耕的品质。我们正在探索幼儿科学启蒙教育的新领域，有困难，但是我们会充满激情与热情，用专注的态度不断精进。

为了提升教师的科学素养，我们从教师当前需要解决的问题或幼儿科学启蒙教育需求出发，确定培训主题。培训过程中，我们支持教师动手实践，与环境、同事和专家互动，关注教师的感受、领悟和体验，让教师的学习真正发生。

除了邀请专家当领队，我们还通过其他途径支持教师参与多样化体验，提升教师的科学素养，如邀请骨干教师组织情境式实践培训。我们致力解决教师在科学启蒙教育实施过程中的个性需求，如开展科学活动实践培训，一位骨干教师作为实践培训师，其他教师现场观摩、记录实践，针对实践中的问题开展案例剖析，实践培训师和其他教师聚焦问题开展针对性的反思和研讨，解决教师的困惑。又如利用"科学坊"创设展示型体验。"科学坊"是立足于科学领域的研究，由区学科带头人和区骨干教师担任坊主，骨干、成熟教师自主报名成立的学习共同体。我们每月开展一次"科学坊"教学展示活动，坊内教师轮流展示优质教学活动，其他教师观摩活动，所有教师一起参与分组讨论、集中发言，在观摩和研讨中学习彼此身上的教学经验，从而优化自己的教学行为。

三、"考培研"一体，专业提升明重点

"考培研"一体是张江经典幼儿园近期开展的研修模式新探索，即以教师专题考核为手段，幼儿园就此考核专题搭建丰富的研修平台，教师通过参与一系列的培训、研讨获得自主成长的研修模式。该模式包含以下三个方面的要点。

（一）以"考"明"志"，目标明确

张江经典幼儿园教师专题考核一般安排在期末，但我们在期初就出台考核整体方案，让教师通过一学期的"考培研"一体化研修，聚焦专题获得提升。

（二）以"培"析"考"，层层深入

第一"培"：园长在期初做相关的理论指导，明确考核价值、意义、内容、方式，围绕专题做讲座。第二"培"：课程主任基于考核指标开展培训。第三"培"：各园区保教基于园区教师的共性问题开展培训。第四"培"：园长、课程主任、保教在考核前基于所发现的教师共性问题开展教学现场实践培训，在每月"悦享慧"中进行分享。第五"培"：考核结束之后，园长、课程主任、保教梳理考核中教师呈现出的亮点与不足开展全园性培训，回顾、分析教师的考核表现，明确教师专业发展方向。

（三）以"研"助"长"，自主发展

第一"研"：年级组内研讨，即同一年级组内教师共同研修、共同提高。第二"研"：师徒之间研讨，各层面带教师徒聚焦个体特点开展教学研讨，促进教学水平发展助提升。第三"研"：骨干示范研讨，请三位不同年龄段的骨

干教师分别向各自同年龄段教师提供教学研究的载体优化课程实施方案。第四"研"：自主研修，即教师根据幼儿园提供的观摩菜单（教师考核安排表）自主选择观摩的内容或对象，通过现场听评、记录分享，围绕核心经验、教育教学重难点亮出自己的观点，明确关注点和提升方向，提高专业能力。

案例：

"基于儿童视角的户外自然探索"研修

为贯彻落实上海市教委关于保证幼儿每日户外活动不少于 2 小时精神，我们对本园教师进行了相关问卷调查，了解到初入职的教师对如何基于儿童视角开展户外探索、骨干教师对如何突破基于儿童视角的户外自然探索局限性存在困惑。2022 年 9 月，我们把"基于儿童视角的户外自然探索"作为新学期"考培研"一体化研修的主题。

片段一：园长引领，指明方向

园长在期初的园务会议中针对这一主题开展了专项培训，进行理念引导。首先，陈园长围绕"让幼儿探索什么""我们如何创设环境"两个问题阐述了浸润式环境对于幼儿体验、实践的意义，并梳理了引领幼儿在张江经典幼儿园科农基地开展户外探索的几个抓手：

——践行《张江经典幼儿园科农基地活动内容建议（试行版）》，注重在生活与家庭中开展实践，积累已有案例。

——对园内动植物等自然资源开展调研，并根据幼儿已有经验和课程目标精心设计活动。

——家长带领幼儿在小区中开展对自然环境的观察与调研，发现动植物之间的关联，小区的自然生态，开展家庭户外自然探索活动。

——由幼儿的问题引发探究主题，建构微课程与班本化课程（活动）。

另外，陈园长还强调了以下三点：第一，要解决教师与儿童的关系问题。第二，要统筹兼顾倾听、记录与引导各个环节。第三，要帮助幼儿梳理、总结户外探索过程中的发现，并为幼儿创设表达乃至演讲的机会。

片段二：骨干引领，抛砖引玉

为更好地帮助教师基于儿童视角组织开展户外探索活动，考核前区新秀教师陈懿华老师开展了跨园区骨干引领活动，八位观察员和四个园区的骨干教师一起走进晨晖园区，观摩了小三班孩子与"无患子"邂逅的现场以及下午的教学反思活动。

本次活动不仅有考核小组的教师参加，同时还在每个园区发放了观摩票，有兴趣的教师都可以报名参加。很多年轻教师纷纷带着日常教学中遇到的问题和困惑报名，期望能在观摩学习中寻找答案。

陈园长就现场发现的情况开展提问，如"你觉得今天教学中最精彩的内容是什么？""你做得最好的是哪一点？"让青年教师在学会观察、反思、梳理的基础上发现自身的闪光点，给青年教师鼓励，帮助青年教师建立信心，促其专业成长。

对于现场参与研讨的教师，陈园长还针对考核指标中"户外探索场地安全""环境创设适宜""高效方式观察幼儿""支持幼儿多元探索方式"等最具有代表性的 13 条指标进行提问，教师快速回忆现场教学活动和指标之间的关系，哪一条指标对应了哪一项活动内容，通过头脑风暴的方式重温了指标，了解了采分点，也让自己在日后的教学实践中有了更明确的方向。

片段三：专家助力教研，在实践中成长

张江经典幼儿园还邀请专家学者开展系列化教研指导。本学期我们围绕"为什么要开展户外自然探索活动""有准备的环境""我们可以玩什么""幼儿在户外经历和学习什么""户外自然探索活动中如何落实'儿童视角'""教师在户外探索活动中做什么""和孩子一起玩""一个都不能落下""万物皆可玩""我们在自然中成长"这十个主题模块，邀请专家团队带领教师研究主题、开设讲座、深入现场指导、参与教研组现场研讨、剖析案例，通过专家的助力使教师在组织幼儿开展自然探索方面的专业能力获得提升。在考核中，每位教师都展示了自己对儿童视角的理解，呈现了与教研组、班级教师和幼儿共研的状态。

我们探索"考培研一体化"教师专业发展的新模式，把考核作为有目标、有重点地提升教师专业能力的载体，整个学期中为教师的专业能力发展提供有力的支持、适宜的阶梯，边培训边研讨，使教师的理论、实践能力都得到提高，进一步推动教师自主发展、快速成长。

四、课题研究，助推科学启蒙教育走向深入

张江经典幼儿园聚焦幼儿科学启蒙教育，先后开展了五项市、区级课题研究，如"依托张江地域优势，开展幼儿科学启蒙教育的实践研究""'张江大家庭幼儿科学启蒙园本课程'建设的研究""浸润式教育视野下幼儿科学素养培养的实践研究""依托张江科探基地开展幼儿浸润式科学启蒙活动的研究"等，从对地域资源的开发利用到浸润式教育环境的打造，再到努力探寻、挖掘科探基地资源推动儿童科学素养的发展，一路走来，课题研究系列清晰，课程难度呈螺旋式上升趋势，在实践、研究、验证、再实践的循环往复中形成了浸润式科学启蒙教育的经验和做法，物化为成果集《"张江大家庭幼儿科学启蒙园本课程"建设的研究》《浸润式教育视野下幼儿科学素养培养的实践研究》，推动了园所课程的建设，还提升了教师的教育教学水平。

在课题的实施过程中，我们开展了全园性课题研究培训，帮助教师寻找适合自己的研究方向，参与市、区级课题的研究。对没有参与市、区级课题研究的教师，张江经典幼儿园将其教学实践中需要解决的问题转变为课题，申报园级课题，课题结题后开展全园分享，并择优推荐参加高一层次的课题申报，做到班班参与课题研究，张江经典幼儿园还鼓励教师通过案例、学习故事、专题论文梳理教学经验，让教师真正成为教育教学智慧的创造者。

近年来张江经典幼儿园教师聚焦科学启蒙活动中遇到的问题，提出了"体验式学习视野下大班户外自然探索活动的实践研究""幼儿园自然教育活动中自然笔记运用的实践与研究""自然资源在中班幼儿户外科学探究活动中运用的实践研究""依托园科农基地，自然资源融入美术活动的研究"等课题，并在区级层面立项。教师在开展课题研究的过程中不断理解教育、理解儿童，

开阔教育视野，实现个体专业能力的发展。

总之，在促进教师专业能力发展过程中，我们重视整合、利用资源，发挥幼儿园内部资源的作用，开发、利用幼儿园外部资源的优势，为教师搭建更多的成长平台，引领教师获得专业能力的发展，享受职业带来的成就感和幸福感。

第三节　三位一体，"家园社"
协同开展浸润式科学启蒙

随着幼儿家庭对子女教育的重视，家庭、幼儿园相互支持形成教育合力的实践越来越多，并取得了不少成功经验，但社区同时发挥育人功能进而构成家庭、幼儿园、社区"三位一体"育人合力的成功经验可谓凤毛麟角。对张江经典幼儿园来说，幼儿园、家庭和社区形成合力发挥育人作用并不是一种奢望，张江经典幼儿园处于张江高科技园区内这一独特条件让家庭、幼儿园、社区形成教育合力的构想逐渐变成现实。基于张江经典幼儿园所处张江科学城这一先天优势，我们积极探索"家园社区三方共育"的有效教育模式。

一、"家园社"合作研发科学启蒙课程

（一）与社区实践基地合作，设计八大科学主题活动

张江经典幼儿园的八大科学主题活动是同社区实践基地的工作人员共同研究编写的，编写过程如下：第一步，踩点分析：到实践基地查看、研究、分析，教师评判趣味性与适宜性，基地人员讲解科学原理与核心经验；第二步，设计实践：教师、基地人员共同设计活动，尤其是"现代科技"这一主

题非常有新意，如"神奇的茶壶""扫地机器人"等，丰富、完善了主题的内容；第三步，调整改进：基地人员进课堂，与教师共同研讨，优化目标，明确核心经验、实践方式，从而完善活动设计。

我们还参与"张江科教联盟"，在"张江科教联盟"的协助下与空气化工、乾修教育、弗莱威、陶氏化工等多家企业合作。社区实践基地人员精心设计活动，走进幼儿园开展"液氮大使""纳米世界""机器人""神奇硅胶"等一系列"科学叔叔进课堂"教育活动。

"科学叔叔进课堂"拓展了教师的思维，丰富了科学主题活动内容的设计。通过与社区实践基地合作，我们共同编写完成了社区八大科学主题活动方案。

（二）与家长携手，编写家庭科学启蒙教育内容

我们把适宜在家庭中开展的科学探究活动纳入家庭科学启蒙教育内容，包括家庭科学启蒙小组活动和亲子科学互动。内容一：家庭科学启蒙小组活动：充分发挥家庭、幼儿园、社区三级课程研究小组作用，在反复研讨之后编写完成家庭科学启蒙小组活动方案，其中小班方案10个，中大班方案各20个。内容二：亲子科学互动：包括科学观察、科学小实验、科学小制作、科学故事等内容。我们请家长收集资料，和我们一起设计活动内容。经过研讨实践，形成了家庭亲子互动活动、科学小实验、科学小制作活动方案共20个，科学观察、科学故事活动方案各20个。

（三）社区、家长参与，设计幼儿园科学探究活动

我们通过"家园课程研讨"来落实科学研究活动的设计。形式一：教师展示后研讨。邀请家长在教师展示科学研究活动后参与共同讨论，发挥家长科学方面的专长，进一步完善科学活动方案。形式二：家长展示后研讨。同一年级组的教师与家长共同参与研讨，发挥教师对幼儿年龄特点把握的优势，进一步完善活动方案。

与此同时，我们还邀请社区科研工作者，社区小学、中学科技与物理老师帮助我们梳理课程体系，使张江经典幼儿园科学课程体系、科学活动内容

的价值判断、核心经验等更为严谨、科学。

二、"家园社"合作建构科学启蒙课程实施机制

张江经典幼儿园推行"五共同"的"家园社"合作建构科学启蒙课程实施机制：家长、社区人员共同制订课程目标，共同构建课程框架；共同研究课程内容，共同推进课程实施和管理课程运作，成为课程建设的共同决策者、课程的共同实施者、共同管理者和共同保障者。

（一）共同制定课程目标——家园社区联席会，设计、协调

张江经典幼儿园每学期召开两次"家园社"联席会，期初邀请社区领导、园级家委会、各部保教主任与教研组长共同商讨学期工作计划，其中的一项重要内容就是有关共建科学启蒙课程的讨论，讨论科学启蒙课程目标、培养目标，明确"科学大活动"主题、需要的支持力量、幼儿科学实践体验时间及活动安排，"家园课程"研讨的内容等。

（二）共同架构课程框架——家园科学启蒙课程研究小组，讨论、引领

张江经典幼儿园充分发挥园、部、年级、班级四级家委会的作用，并成立园、部、班级三级科学启蒙课程研究小组。园级层面研究小组主要研讨课程内容的架构、各科学主题的价值判断与核心经验、幼儿园科学环境创设等内容；部级层面研究小组根据园研究小组制定的内容框架进行学习、解读、讨论、设计，完成对已有活动的调整、完善（共同性课程中的物质科学内容、原有八大科学主题活动中的物质科学内容），再设计、补充新的活动；班级层面研究小组针对上述内容开展研究与落实。

（三）共同研究课程内容——"家庭科学启蒙小组"定期活动，研讨、梳理

立足实践，示范讲解：教师成为引导者，激发家长对幼儿科学启蒙活动的兴趣。先导小组，以点带面：教师先确定 6 个试点家庭以点带面地开展活动，再帮助家长提高开展活动的能力。教师走进家庭，开展现场指导，家长也提出各自的困惑。当教师提出建设性意见时，家长也获得了新的认识，使开展活动的目的性、科学性更强。

（四）共同推进课程实施——"一课三研"，促进科学活动的实践研究

教师、家庭、社区人员根据园、部级科学启蒙课程研究小组确定的学期科学课程研究内容的价值判断与核心经验，共同开展"一课三研"。

"一课三研"充分发挥了家庭、幼儿园、社区各自的优势，不仅携手共建课程，更提升课程实施效果。幼儿园发挥幼教专业知识，通过教师向家长展示科学活动以及活动后的研讨，让家长进一步了解幼儿园科学活动的开展情况，如活动内容的来源、与幼儿互动的策略等。同时，社区志愿者发挥专业优势，提出很多好的建议。"一课三研"使张江经典幼儿园的科学课程内容更为丰富、结构更为完整。

（五）共同管理课程运作——评优表彰、激励共进

每学期末评选出家长、社区志愿者、教师设计的优质活动方案，表彰对课程建设作出突出贡献的社区志愿者和家长，开展"园家庭科学启蒙优秀小组评选活动""园优秀科学爸爸、科学妈妈评选活动""园科学启蒙优秀教师评选"等活动，激励家庭、幼儿园、社区进一步合作。

三、"家园社"合作探索三方共育模式

经过几年来不断完善的探索实践，张江经典幼儿园初步形成了"社区科学实践基地""家庭科学启蒙小组""科学月""科教联盟"四种"家园社"共育基本模式，并根据课程实施需要继续探索新的共育模式。

（一）模式一：与社区协作开展"科学实践基地"活动

"科学实践基地"活动即围绕幼儿科学启蒙课程实施，与社区科学实践基地合作开展幼儿科学启蒙活动。近年来根据幼儿科学启蒙课程实施需要和周边社区资源的特点，张江经典幼儿园开发与建立了幼儿园周边的多个社区科学实践基地，利用基地资源，围绕着科学启蒙课程的实施，搭建了学校—社区开放式的课程实施平台，为幼儿提供了更多的成长发展空间。

张江经典幼儿园每学年初逐一对张江地区科学实践基地资源进行分析，从中筛选确立幼儿科学实践基地，目前建立的基地有"中医药博物馆""动漫

博物馆""超级计算机中心""环东村生态园""中医药大学百草园"等九个，每学年末对这些基地进行价值分析、完善调整、再利用。

（二）模式二：得到社区全力支持的"家庭科学启蒙小组"活动

"家庭科学启蒙小组"活动即由若干个家庭的幼儿、家长（可邀请教师或社区人员）组成的团队活动，幼儿在成人的协助和支持下，在双休日、节假日开展科学启蒙活动。科学启蒙活动的形式有科学小实验、科学小制作、科学小故事、科学小课堂四种，每个小组自主选择不同的形式组织活动。这一活动模式成为了张江经典幼儿园共育活动中最有影响力的活动模式，曾在"2015年上海市学前教育年会"上作为交流素材。

1. 建组：学期初组织召开园级课程组会议，结合该活动上学期的开展情况，聆听有经验的老师、家长的意见，商讨确立本学期"家庭科学启蒙小组活动"的内容，各班根据实际情况由教师、家长相互搭配成立小组。

2. 计划：在教师指导下，由担任组长的家长来安排小组活动的内容、地点、需要的用品和材料，组内家长协助提供相应的物品并参与活动。

3. 实施：教师与组内家长共同研讨活动主题，开展自主、轻松、丰富多样的科学启蒙活动。家长支持和协助幼儿参加科学启蒙活动。各组互相交流活动效果，不断根据建议改进、完善活动。

4. 延伸：活动结束后，家长负责收集每次活动的视频，供其他科学启蒙小组借鉴。期末，教师根据活动开展情况撰写案例。

（三）模式三：三方协作开展的"科学月"活动

张江经典幼儿园每学期开展一次"科学月"活动，一般围绕一个科学主题，在一段时间内组织一系列主题活动，家庭、幼儿园、社会共同参与，协作推进。首先，课程研究小组的家长一起参与探讨"科学月"的主题，策划并确定活动的具体内容，寻求支持。其次，根据主题邀请相关特长的家长和社区工作人员走进幼儿园，提供材料，和幼儿一起探究。如"科技让生活更美好"活动中，人工智能岛的工作人员带着无人机和无人车来幼儿园，演示无人机和无人车的操作方式，并倾听幼儿的问题，给予解答。家长带着家中的科技产品如感应垃圾桶、扫地机器人、自动鞋套机等到幼儿园，幼儿可以动手试一试，家长及时解答幼儿的问题和困惑。最后，家长参与"科学月"活动的展示和评价。家长通过亲子作品展示活动成果，也通过观察日记记录幼儿的行为表现，从中评价幼儿的发展和自己的变化。"科学月"活动中幼儿园、家庭、社区同参与、齐推进，凝聚三方协作的优势，共同促进幼儿的发展。

（四）模式四：由社区发起的"科教联盟"活动

"科教联盟"活动是由张江社区发起，和第三教育署共同成立的一个民间协作组织，由三方共同管理，社区、企业协助学校组织开展各类科学启蒙活动。

1. 参与"科教联盟"理事会，梳理活动经验

张江经典幼儿园作为"科教联盟"理事成员，每学期由教育局及张江社区管委会组织召开期初、期末工作会议。期初主要回顾上学期校企协作开展各类科学活动的情况，对本学期的协作工作提出设想、制定计划。期末主要总结本学期校企协作开展的各类科学活动情况，总结科学活动开展中的经验、开展后的成效。

2. 携手"科教联盟"，丰富幼儿园科学活动

根据每学期"科教联盟"理事会制定的工作计划，结合张江经典幼儿园学期工作计划，与"科教联盟"负责人进行沟通，针对张江经典幼儿园情况"私人定制"科学活动计划。在"科教联盟"的协助下积极主动与张江地区企业联系沟通，确定科学活动内容和活动时间、地点。在"科教联盟"的协助下，与空气化工、乾修教育、弗莱威、陶氏化工等多家企业合作开展"液氮大使""纳米世界""机器人""神奇硅胶"等多项科学启蒙活动。

张江是举世瞩目的高科技园区，党中央曾提出把张江打造成为有全球影响力的"科创中心"的设想。地域的特点、时代的发展要求张江有优质的幼儿科学教育力量与之相匹配，在幼儿心中播下科学的种子，为"科创中心"的未来培养具有科学素养的人才。张江经典幼儿园地处张江，拥有得天独厚的科学教育资源，如何充分发挥家庭、社区、幼儿园的优势，"三位一体"共同开发课程，使我们的课程具有地域性、科学性、独特性，让幼儿能浸润在科学的环境与氛围中是园所长期面临的课题。

浸润式幼儿科学启蒙教育
"经典"模式的成效与展望

第一节　幼儿发展：成就每一个"小小科学家"

浸润式科学启蒙教育根植于幼儿的生活，服务于幼儿幸福生活的需求。我们注重幼儿科学素养的培养，也注重幼儿各方面品质的提升和价值观的形成。在开展浸润式科学启蒙教育的探索过程中，我们有两个显著的价值取向转变：

第一，**由获取科学知识向适应科技生活的转变**。我们判断孩子的发展以成长取向为主，而非学习取向。学习取向只看行为和结果，而成长取向要看孩子内心的变化，看孩子各方面的成长和进步，看孩子的科学精神和人文素养是否提高、价值观是否发生变化。浸润式科学启蒙教育改变了传统幼儿科学教育重视科学知识的传授而忽略实际操作能力等基本素质的培养的模式，更加注重对幼儿主动性、创造性的培养，让幼儿长大后能关心科学、了解环境、关注社会、服务人类，为社会的可持续发展作出贡献。在研究过程中，我们经历了由最初的重科学知识的传递向适应科技生活的转变，引导幼儿在生活中积极思考、发现。如"智能家电"主题活动中的"智能家电初体验"，目的不在于让幼儿了解家电的种类、原理，而在于让幼儿通过亲眼看、亲耳听、亲自去发现，获得关于智能家电新功能的经验，真切地感受到最前沿的科技发明，体验到科技给人们生活带来的方便，使幼儿了解现代科技发展与人类社会的进步，并立志长大后用创造性的方法去提高生活质量，这些远比知识的获得更有意义和价值。

第二，**由关注知识经验向关注情感体验的转变**。传统的科学启蒙教育更关注让幼儿获得科学概念，更注重幼儿科学知识的获得。通过研究，我们认为，教学活动的价值判断更应关注活动的内容是否对幼儿一生的发展有意义，是否对幼儿的情感体验有帮助。我们更关注让幼儿发自内心地热爱自然、热爱生活、热爱家乡，这对其一生价值观、人生观的确立有着重大的意义。知识经验的获得有必要，但情感体验更重要。如"集成电路"主题活动中"神奇的手机"，目的是要让幼儿通过了解手机的常见品牌、探索手机的功能来感受张江有"移动通信馆"，为自己是"张江人"感到自豪，如此的情感体验对幼儿的终身发展更为有益。

张江经典幼儿园实施和开展浸润式幼儿科学启蒙课程的研究，选择幼儿感兴趣，同时也是符合幼儿生活经验的活动，即"身边的科学"活动，既巩固和丰富了幼儿的知识，也促进了幼儿的智力发展。我们提出了"喜尝试、善发现、勤思考、爱求异、肯坚持"的科学启蒙目标，发现幼儿在围绕该目标开展的活动中始终处于积极的状态，获得成功的概率也更高，还能从中获得更多的愉悦感和情感体验，增强了自信心，培养了勇敢大胆、活泼开朗的意志品质，提高了思维力、表达力以及发现问题、解决问题的能力。

一、科学素养的培育

实施浸润式科学启蒙教育以来，张江经典幼儿园幼儿的科学素养有了明显的提升，表现为萌发了科学兴趣，初步形成了基本的科学观念、科学思维能力和探究实践能力。

1. 萌发科学兴趣

张江经典幼儿园幼儿的科学兴趣，即对科学的好奇心和探究热情，主要表现为亲近自然、乐于探究的情感，也表现为探究和实践的热情。张江经典幼儿园开展的科学启蒙教育注重了解儿童的真实兴趣，设计的活动能与幼儿情感连接，因此提高了幼儿对科学探究的兴趣，进而使其形成稳定的兴趣态度。

如幼儿在探秘大树时发现松树的树干上有浅黄色物体。幼儿围着大树，用放大镜观察，用手摸，用鼻子闻，用手抠，用剪刀挖。有的幼儿又在另一棵树上发现了一团类似的透明状物体，用手一摸，软软的，还拉出了很长的丝。孩子们对"这是什么"产生了兴趣,向老师描述说:"软软的,透明的,挂在树上,不知道是什么"。教师组织幼儿讨论,有的幼儿猜想是大树流出来的液体,有的猜想是小鸟的大便,有的猜想是下雨留下来的雨水和其他物质混合变成的。孩子们查阅资料,探索树胶是什么、怎么形成的。随后他们对"哪些树上有树胶"产生了兴趣,到幼儿园每棵树前都找一找是否有树胶;放学路上寻找树胶;周末到公园寻找树胶;运动时观察到木制走廊的柱子也有树胶流出,开始推断"死了的木桩也有树胶吗"。在家长的支持下,幼儿还带来了家里的桃胶,一起做实验把桃胶变软;通过调查等方式探究关于树胶的各种知识……可见浸润式科学启蒙活动注重与幼儿的生活接轨,让幼儿在浸润自然中,产生探究兴趣,乐于动手动脑寻找问题的答案,萌发了对科学的兴趣。

2. 丰富科学观念

科学观念是在理解科学概念、规律、原理的基础上形成的对客观事物的总体认识。科学观念在解释自然现象、解决实际问题中有广泛的应用。浸润式科学启蒙活动立足于让幼儿在体验中亲身经历、动手操作,从中获取丰富的知识和经验。

随着主题活动"小花园"及"雨天"的开展,孩子们对竹林里会变化的"泥巴地"产生了兴趣,总想踩踩泥巴,使用铲子、耙子等工具挖一挖泥巴。同时,他们还会不断地提出他们的发现和问题:

布丁:"哎呀!这土怎么这么硬呀?"

安仔:"我挖了好久了,都挖不动。"

楷楷:"那就多用点力气挖,我来试试。"

文文:"楷楷也挖不动啊。"

小麻:"老师,这土我们挖不动。"

米乐:"这泥巴为什么会这么硬呢?上周不还是软软的吗?"

教师:"对呀,发生了什么事情呢?"

阳阳:"因为之前下过雨呀!下过雨,泥土就变得软软的了!"

教师："那现在是晴天，我们该怎么办呢？"

东东："我知道！加点水进去，这个就变软了呀。"

教师："这可能是个好主意，你们试试吧。"

林林："老师，我们没有水。你给我们弄点水来吧。"

于是教师拿来了水管，帮助孩子们接通了水源，又为孩子们提供了一些盛水的容器，比如小桶、小碗等。孩子们依次接水往土里浇，不一会儿，泥土变成了深色。这下，孩子们挖起来就顺利多了。不一会儿，他们的小桶里就装满了泥土。孩子们欢呼道："好棒！我挖得动了！"

孩子们好不容易挖好了土，筛好了泥，准备和泥浆进行泥塑。然而，和泥浆总是不成功，于是教师组织孩子们聚集到泥塑场地旁，开展了一场集中讨论。

教师："今天有些朋友在造湿泥，但是他们好像遇到了一些问题，你们发现了什么？"

逃逃："多多的泥浆还不够。"

米糕："这水也太多了吧！像一个水塘！"

小宇："他也没有搅拌呀，泥和水都没有混在一起。"

于是，多多根据同伴的建议把水舀出来，再加泥，反复调试，湿泥造成了。

这是一段小班幼儿玩泥的故事，幼儿在轻松愉快的氛围中认识泥土、研究泥土并运用各种感官获得关于泥土的直接经验。通过幼儿的语言，我们可以判断幼儿感知到了泥土的软硬，泥土遇水变软、颜色变深等特性。再来看幼儿在造湿泥过程中的对话，会发现他们已经能使用已有经验解释和泥不成功的原因。由此可见，通过亲手操作、同伴互动，幼儿的科学观念能得以丰富。

3. 锻炼探究实践能力

探究实践能力主要指在了解和探索自然、获得科学知识、解决科学问题，以及技术与工程实践过程中形成的科学探究能力、技术与工程实践能力和自主学习能力。

幼儿在金秋十月种下的小麦发芽了。在小麦成长的过程中，小朋友们记录了小麦种子发芽、幼苗拔高、麦芽萌发、麦穗成熟的过程，在小满时节终于可以收获了。随之而来的问题是：没有现代化工具，如何让小麦脱粒呢？

忻儿找到一把铲子，拿铲子对着麦子拍打，她欣喜地说："用杆子拍打，可以把麦粒脱下来！"

幼儿纷纷去寻找有长长杆子的物体来拍打小麦，让小麦脱粒。

诺诺找到一块石头，他用石头敲击，麦粒也掉下来了。其他幼儿见状也去找石头敲一敲、试一试。

清和不走寻常路，他从前院骑了一辆三轮自行车回来，一边骑一边喊："你们别敲完了，给我留一点，用车子压是最好最快的办法！"

大家都急不可待地等清和表演用车子压麦穗，有的幼儿还帮忙推车子。压了一会儿，大家再掀开麦秸一看，发现车子碾压也是有用的。

最让人出乎意料的是萱萱，平时运动场上的标兵，今天又迁移了运动经验，滚来一个轮胎，通过来回滚动轮胎加上用身体压，也成功让麦粒掉了出来。

小汤包用手搓一搓，二宝用脚踩一踩，麦粒和麦皮也分开了。

接着大家在探索中发现增加碾压物的重量可以更有效地脱粒，于是想出了让体重偏重的孩子来骑车，在车上拴一个重重的轮胎的办法。当发现麦秸夹进车轮里，车子和轮胎会打滑时，通过讨论和向家长请教，大家一致认为在麦秸上再盖一层油布，在油布上骑行、滚轮胎来碾压能提高脱粒的效率。

从幼儿探究麦子脱粒的过程可见，幼儿通过猜想、操作、观察、比较、反思，发现问题，分析问题，解决问题，从中形成了科学探究能力；针对脱粒的效果提出各种有创意的操作方案并实施计划，根据实际效果对方案进行修改，展现了工程实践能力；围绕脱粒的目标不断反思、调整计划，协同同伴，咨询家长，展现了良好的自主学习能力。

4. 初步形成科学思维

探究的过程本身就是动手和动脑的过程，幼儿的思维在探究过程中发生变化，这一过程也是思维积极发生的过程。本研究参照课程标准中关于科学思维的定义，即从科学的视角对客观事物的本质属性、内在规律及相互关系的认识方式，具体包括三个方面：（1）模型建构：以经验事实为基础，对客观事物进行抽象和概括，进而建构模型；（2）推理论证：基于论据与逻辑，运用分析与综合、比较与分类、归纳与演绎等思维方法，建立论据与解释之间的关系并提出合理见解；（3）创新思维：从不同角度分析、思考问题，提出新颖而有价值的观点和解决问题的方法。

　　一日户外游戏时，宁宁突然大声喊道："快看呀，地上出现了蝴蝶的影子，居然是黄色、红色和蓝色的。"边说边用手指着地上蝴蝶的影子。

　　越越和小萌听到后，一起转头看向蝴蝶影子，原来玥玥将一个蝴蝶玩具背在自己的背上，蝴蝶玩具上有些花纹是镂空的，贴上了黄色、红色和蓝色的玻璃纸，所以当阳光照射过来的时候，地上出现了彩色的影子，小朋友们对于这个现象都特别好奇。

　　"哇，这只蝴蝶好好看啊！"小萌拍手说道。

　　"可是影子不是黑色的吗？"越越抓了抓头说道。

　　"可是，为什么我们的衣服是彩色的，影子是黑色的，但是蝴蝶的影子却可以变成彩色的呢？"宁宁自言自语道。

　　宁宁在游戏时分享了自己的疑惑，幼儿对"彩色影子怎么出现的"产生了兴趣，同时也开始猜测"是不是彩色的物品就有彩色的影子"，于是开始了探究实践活动。

　　幼儿找了很多彩色的物品，结果发现彩色积木的影子仍然是黑色的，可彩色透明磁力片的影子是彩色的。这是为什么呢？

　　宁宁将大家的发现记录了下来。在交流分享时，越越总结说："我知道了，磁力片是透明的，透过它可以看到别的物品；磁力片又是彩色的，所以影子变成了彩色。"

　　小萌说："哦，我知道了，蝴蝶翅膀上的花纹是透明的，所以花纹的影子是彩色的。"

其他小朋友也开始讨论起来："那透过玻璃也可以看到别的东西，是不是它的影子也会变彩色？"

小萌说："透明的，又是彩色的东西才会有彩色的影子。"

宁宁说："是呀，我们教室的窗玻璃不是彩色的，所以没有彩色的影子。"

玥玥说："哦，放大镜也是透明的，但不是彩色的，所以也不可能有彩色的影子。"

由以上案例可见，幼儿在探索"彩色影子"的过程中一方面主动发现问题，并主动探究现象背后的原理：彩色的透明物体才有彩色的影子；另一方面在解决问题中初步推理出彩色影子形成的条件：透明的彩色物体，这就是幼儿在建构科学模型。同时，幼儿根据上述两个条件推理出教室透明玻璃和放大镜不能形成彩色的影子，是科学思维的具体表现。幼儿在整个探究过程中自主获得知识、建构知识，这样对知识的体会更深刻、理解更透彻，真正收获了属于自己的知识。

二、学习品质的发展

学习品质是指幼儿在探究过程中表现出的积极态度和良好行为倾向，如积极主动、认真专注、不怕困难、敢于探究和尝试、乐于想象和创造等良好的学习品质。幼儿围绕一个主题开展项目研究，调动社会、语言、艺术、科学等不同领域的知识来探索和解决问题，整个过程中既能获取新的知识经验，也发展了学以致用、与他人合作、收集资料、整理和归纳的能力，形成了坚持、反思、接纳和批判等情感态度。

在小菜园劳作时，幼儿发现站在周围的平台上没法给菜地中间的菜苗浇水，走进去又会踩到幼苗，于是提出要在中间铺一条路。起初，幼儿只是想在种植区域铺一条便于行走的路，于是引发了一系列的讨论。随后，幼儿通过计划、分工、实践，铺出了树叶路、废布路、瓶子路、砖块路。"这四条路真的便于行走吗?"这个问题引发了幼儿对所铺的四条路的再一次深度观察。幼儿就四条路的材料特质与使用效果进行对比实验，在深度探索中发现:用树枝和叶子铺的路在叶子腐烂后变得脏乱不堪;用收集到的瓶子铺的路不平整，行人容易摔倒;用破布破衣铺的路下雨后会积水，产生污泥。最终，幼儿认定用砖块、石子等铺路最为合适，他们还在自己铺的路上用颜料进行装饰和美化，让砖块路更具美观和艺术性。

参考《3—6岁儿童学习与发展指南》观察指引部分的内容可以发现，幼儿在探索解决问题的过程中，不仅科学素养得到了发展，习惯与自理、前书写、表现与创造等方面的能力也得到了发展，具体情况如下表所示。

表6-1　幼儿在"铺路"活动中的行为发展表现

问　　题	解决方式	行为发展表现
用什么材料铺路	(1)合作讨论，制定铺路计划 (2)分工收集铺路所需材料	**习惯与自理**:准备工作、劳作过程、整理摆放等
(1)如何按设计图铺路，如何合理规划铺路工程 (2)用多少数量的砖块(瓶子、树枝、树叶、鹅卵石、瓶盖)，如何铺成道路 (3)哪种材料铺的路更便于行走	(1)协商设计施工图 (2)计算所需材料的数量、摆放方式 (3)通过多种渠道寻找可参考的材料	**前书写**:制定计划书，设计施工图、分工记录表等 **数学认知**:(1)根据路的宽度和长度计算所需砖块数量 (2)铺路过程中运用ABB等模式排序 **科学观念**:对路的稳固性的认知 **分工合作能力**:协商设计、分工实施等 **探究实践**:(1)工具的运用、铺路过程的动手实践 (2)铺路工程的设计、施工、检验等
如何让铺的路既方便行走又美观	(1)结合观察，比较实验结果并调整铺路方式 (2)运用多种方式"装扮"道路	**表现与创造**——铺路材料的选择、颜色的搭配，路的造型设计等

三、情感和社会性发展

浸润式科学启蒙教育也注重对幼儿热爱自然、珍爱生命、保护环境、节约资源等价值观和社会责任感的培养。如在建炉烤红薯的探究活动中，幼儿在草地上选址，开始挖泥坑，裸露的植物根系引发了孩子们的讨论。一名幼儿说："这是树根，我们不能再挖了，树根断了，大树就死了。"另一名幼儿说："这里是草地，不是大树底下，那怎么会是大树的根呢？"经过调查，孩子们确定那是远处那棵水杉的根须。经过交流，孩子们一致决定放弃已挖好的泥炉，重新选址建造烤炉。整个过程中幼儿把植物看成是有生命的物体，尊重与善待它们，这就是热爱自然、尊重生命的价值观的体现。

图 6-1　建泥炉前发现的树根　　　　图 6-2　重新选址建造烤炉

在科学启蒙教育活动中，教师支持幼儿与动植物建立联系，使得幼儿对生命有了更为深刻的认知，也使幼儿关爱生命的情感得到了长足的发展。

案例：

保护鸽子

一日雨后，孩子们来到"秘密花园"开展户外探索，三四个孩子被一只停在草地上的鸽子吸引。他们轻轻地靠近鸽子，鸽子扇动翅膀，绕着草地飞行，却没有飞高，也没有飞远。玥玥喊道："刚下过雨，大概鸽子的翅膀淋湿了，飞不起来了。"乐乐说："不对，应该是受伤了，我们快救救它吧。"孩子们呼朋唤友，大家都围了过来，纷纷表示要把鸽子带回教室。经过保安师傅帮忙，鸽子被转移到了纸箱里。

意外救助的鸽子被带到教室，孩子们围着纸箱，七嘴八舌地讨论起来。思源说："鸽子腿上有好多数字。"文文发现鸽子靠在纸箱一角，他"询问"道："鸽子鸽子，你为什么靠着墙壁？"还有许多小朋友开始关心鸽子是不是饿了，会不会想喝水。最后，在老师的支持下，孩子们到幼儿园的"种子博物馆"寻找谷物，给鸽子喂食。

接下来的几天，各班轮流照顾鸽子。孩子们纷纷把幼儿园来了一只鸽子的"新闻"告诉了爸爸妈妈，和家长一起寻找家里适合鸽子吃的谷物，带到幼儿园喂养鸽子。有些孩子对鸽子腿上的数字感兴趣，他们仔细辨认，写下一串编号，通过查找资料，探究鸽子腿上编号的含义。当发现可以通过编号寻找鸽子主人时，他们又十分不舍。

有一天，孩子们给鸽子喂食的时候，鸽子飞走了。有的孩子说："鸽子把伤养好了，它能飞了。"有的孩子说："这是信鸽，一定能找到家，我们不要担心。"还有的孩子说："鸽子回家了，它妈妈一定很开心。"

又过了几天，鸽子又飞回到教室阳台上，孩子们自然很欣喜，激动地说："鸽子竟然还记得我们。"

之后孩子们在"秘密花园"草地上寻找鸟的羽毛，探寻鸟的踪迹，为小鸟造房子，探索鸟巢的结构和适合建巢的材料……引发了长达数月的探究活动。

在"保护鸽子"活动中，我们发现"浸"入幼儿生活的科学启蒙教育是很有活力的，对幼儿的发展也极其有价值。幼儿始终与鸽子共情：发现雨中的鸽子，实施救助；鸽子痊愈飞走后，幼儿会推测鸽子的伤好了，担心鸽子是否能找到家；当鸽子再次返回时，他们又开心喜悦，流露出对生命的热爱，惊叹生活的美好、自然的神奇。

　　张江经典幼儿园的幼儿在实践基地丰富多彩的参观活动中，在"科学叔叔"进课堂进行生动讲解的过程中，在如火如荼开展的家庭科学启蒙小组活动中萌发了热爱自然、热爱生活、热爱张江、热爱国家的情感。

　　张江经典幼儿园开展的科学启蒙教育是需要多方合作才能完成的，如家庭科学启蒙小组活动中的同伴合作、"科学叔叔"进课堂活动中与社区工作人员的合作，为幼儿提供了与成人、同伴交流的条件和机会，帮助幼儿与同伴建立和谐、友好、互助的关系，促进社会性情感的发展。

第二节　教师成长：成为兼具科学素养和儿童视角的课程领导者

一、提升教师对科学启蒙教育理念的认知

　　在张江经典幼儿园科学启蒙活动中，教师对科学启蒙教育有了新的认识。教师认识到科学教育不仅是向幼儿传授科学知识，更是对幼儿科学素养、科学态度的培养，乃至对幼儿影响一生的人格、人品的培养，也被称为"全人培养"。有了这样的认识，教师不仅有了科学启蒙教育的意识，还会在一日活动的各个环节中重视科学启蒙教育，推动幼儿在浸润式的科学环境中成长，同时拥有对幼儿意志品质等个人素质的培养意识。

　　通过研究，教师不断践行科学启蒙教育，不断总结经验，调整原有的认识。他们开始冲破教师心中的屏障，潜心研究幼儿的心理、学习特点，研究幼儿的行为模式，逐渐走近幼儿。科学活动中，各研究小组根据自己的需要开展合作探究，教师在观察和分析幼儿行为的过程中了解幼儿的内在需要和个别差异，提供适时的帮助和指导，给予幼儿充分的信任和支持，鼓励他们

将各种信息与已有的经验进行有机融合。在这一过程中，教师的教育理念也发生了显著的变化，她们学会了观察，学会了等待，学会了让课程追随幼儿而行进，学会了对幼儿的认知冲突和产生原因进行分析，学会了创设探究情境，支持幼儿的情感发展，促进幼儿科学素养的发展，最终成为了幼儿的学习领导者、参与者。

二、提升教师的科学素养和科学启蒙教育实施能力

教师科学课程素养的形成，是指教师要掌握基本的科学知识和幼儿科学教育知识；了解基本的科学教育过程与方法，并有实施幼儿科学教育的方法和能力；拥有良好的科学精神、态度，包括对幼儿科学教育的看法；拥有正确的儿童观、科学价值观。

在开展幼儿科学启蒙教育的十几年中，我们注重教师科学课程素养的提升。针对每个阶段教师的问题和困惑，我们提出问题，依托课题开展实践研究，解决问题。园长对教师进行专业指导，为教师提供展示科学技能的平台，促进教师在学习与展示中突破自我、提高科学素养。伴随着研究的深入，教师在提升自身科学素养的同时，学习的积极性和主动性也得以提高。教师利用休息日前往科技馆、海洋博物馆等科探基地，阅读科教书籍、科幻读本，浏览国内外专业网站，不断丰富科学理论知识，这些科学知识的储备足以让他们应对幼儿科学探索活动中出现的问题。此外，在幼儿科学启蒙教育课程的实施过程中，教师与课程专家、科技人才家长等共同探讨、分享科学理论知识，以促进一些综合性问题的解决，这种协作进一步完善了教师的知识结构。在几年的学习和培训中，教师接触了许多科学案例，开阔了科学视野，培养了对科学的敏锐感知力、探究力和分析力，并能积极地将上述能力迁移运用于幼儿科学素养的培养，多角度思考，优化科学启蒙环境的创设。

案例：

暑假后开学，幼儿发现后花园的薄荷疯长，一直蔓延到木质小路上，挡

住了幼儿进入中草药各区域的探索之路。幼儿要剪掉挡住路的茂密薄荷，教师又是如何参与对话、给予支持的呢？

A 说："我们把挡住我们路的薄荷剪掉吧。"

B 说："不能剪掉，薄荷叶子可以止痒，晒干了还可以泡水喝。这是中草药，不能剪掉。"

C 说："我有一个办法，把挡住我们的薄荷用绳子牵引到花园中间，它就不会往路上长了。"

教师说："你们想剪掉薄荷，因为它阻挡了我们行走；又舍不得剪掉，因为它有用。我家里也碰到了这个问题，我就去查资料，才知道原来有些植物需要通过剪枝来更新。"

A 说："薄荷剪枝后能长得更好吗？"

教师说："是的。剪枝后，薄荷还会更茂盛。"

B 说："那剪下的薄荷叶子也不要浪费。我们摘下来。"

C 说："可以晒一晒，泡水喝，像薄荷糖一样，清凉润喉。"

教师说："是的，你们对薄荷的功效了解得很多呢。剪下的薄荷叶可以晾晒后泡水喝，剪下的枝条还能用来插枝。"

C 说："插枝？就像养绿萝一样把它养在水里吗？"

教师说："是的，可以插在水里，等长出须根后再移植到土里。"

A 说："太神奇了！我想试一试。"

上述案例中，教师在对话的过程中注意倾听幼儿，对幼儿讨论薄荷挡住路的看法和观点给予回应，并告诉幼儿一些自己探索得来的知识。在信息交互的过程中，教师判断幼儿不了解剪枝的好处，便基于幼儿已有的知识为他们提供了一些更有用的信息，让幼儿能更新自己的知识。可见，教师有一定的科学知识才能抓住随机教育的机会，与幼儿开展高质量互动。科学知识作为科学教育活动的知识载体非常重要，是提升对话质量的关键。教师要具有研究精神，自己碰到问题时要乐于查资料、更新知识，教师还要具备良好的组织科学活动的能力，在师幼对话中优先肯定幼儿的想法，再适时推进活动。

此外，通过浸润式科学启蒙教育的实践，教师在科学启蒙活动中的教学方法和手段也越来越多样化。

1. 教学形式的多样化

教师在活动中越来越注重教学的游戏性和趣味性，这使得教师在教学活动设计中更注重教学形式的多样化。运用好的教学形式不仅能吸引孩子们的兴趣，也能使教学活动事半功倍。中班活动"家里的锁"中，有的教师以"圣诞老人送礼物"的情境贯穿活动，有的教师则以"闯关"情境贯穿活动。小班活动"各种各样的开关"中，教师打造了"到图图家做客"的情境，以卡通形象图图给幼儿提出小任务的情节贯穿活动。

2. 材料提供的有效性

教师对探索材料的研究更精细。如大班"去除水中的油"活动中，教师对幼儿的实验材料进行了充分的研究，使每种实验材料的去油方式都具有代表性，同时在辅助材料方面也做了充分的准备，提供的托盘、抹布等都有助于培养幼儿良好的实验操作习惯。

在活动中，教师对教具的使用也呈现了多样化的特点。如大班科学活动"自动浇花器"中，交流经验时用绘制的图片，展示科学材料时用实物，阐述方式方法时用PPT，捕捉幼儿操作方法时用照片现场导入的方式。教师针对不同交流场合分别选择了合适的材料呈现方式。

三、提升教师的课程领导力

基于儿童立场开展幼儿浸润式科学启蒙活动，教师的课程执行力从"教师立场"转向"儿童立场"，这就要求教师用儿童的眼光去观察学习素材，以儿童的心理去认识学习素材、以儿童的语言去解读学习素材，以儿童的经验去处理学习素材。总之，在设计、实施和反思中都基于儿童立场。

1. 设计时眼中有儿童

在各个层面的实践和展示过程中，教师的活动设计能力显著提高。经过十多年的积淀，张江经典幼儿园研发了浸润式科学启蒙活动的实践操作手册，并在实践中对其不断更新和调整。教师在不断的实践中积累科探教学活动设计的经验，通过认真学习、大胆设计、谨慎实践、反复修改提升了自身的活动设计能力。在儿童视角下开展科学启蒙教育，教师将课程设计的权利交给儿童，在生活中寻找和发现有价值的课程资源，让幼儿自己解决生活中遇到的问题和挑战，利用生活中的机遇和条件来预设活动，也会思考下列问题：这是儿童感兴趣、能理解的吗？幼儿是否能够从中获得直接经验、感性认识和探索体验？通过访谈，最终确定主题，设计活动，就此开展一段水到渠成的探究式学习。

案例：

竹笋日记

孩子们在"盛夏农庄"进行户外探索时，踢到了脚下冒出的"尖尖头"，于是孩子们的兴趣被激发，在周围寻找还有几个"尖尖头"冒了出来。他们发现原来这些"尖尖头"就是竹笋后，便开始讨论竹笋的特点，还提出了一个问题：竹笋真能长成那么高的竹子吗？教师考虑到这是一次孩子们亲近自然、开展探究学习的机会，便支持幼儿每日观察竹笋，开启了"竹笋日记"探究活动。

教师和幼儿每天定期去观察竹笋，记观察日记。第五天的时候，孩子们发现：竹笋左右两边又多了一些嫩叶，还发现竹笋长到自己肚脐眼处了。有一次，孩子们都说自己"认领"的竹笋是"笋王"，有的说："我的竹笋是最高的！"有的说："我的竹笋是长得最快的！"还有的说："我的竹笋是最粗的。"……于是，教师设计了"探寻笋王"活动，和孩子们一起搜集各种测量工具，深入现场，通过实际测量来验证自己的猜测。有的孩子用实物，如记号笔尝试测量竹笋的高度，当测不精准时，又萌发了使用尺子测量的想法。通过每日测量，幼儿发现竹子每日能长 1—3 厘米不等，还基于数据对比中猜测第二天竹笋会长几厘米。

第十五天的时候，有的竹笋长得比孩子们还高了，新问题出现了：孩子们没办法去测量竹笋了。于是教师又组织孩子们展开讨论，有的孩子说："我们可以准备梯子，这样就能够到了。"有的说："我们可以借助杆子把尺子倒挂在竹子上面，这样也能测量出结果！"还有的说："我们还可以用无人机，在无人机下绑个绳子，让它飞到竹子的高度时停下来，只要我们测量绳子的长度，就可以知道竹子有多高了！"……就这样，孩子们继续每天去观察竹笋的生长变化，期待着竹笋变成高高的竹子。一个多月过去了，竹笋越长越高，皮缝里竟然露出了绿色，用手一摸，是硬硬的竹子！孩子们呼朋唤友摸竹笋，从心底产生了一种强烈的幸福感。

在活动过程中，孩子们不断发现问题、提出问题，教师和他们一起搜集实验材料，提供足够的时间给他们解决问题。在探究学习的过程中孩子们和竹笋一起长大，见证了"小尖尖"长成竹子，感受到生命成长的力量，建立了与自然的联结，这段美好的回忆对孩子们是有益的。

当孩子们提出"竹笋真能长成那么高的竹子吗"的问题时教师并没有立即给出答案，而是带着孩子们每天观察竹笋的生长变化。正如皮亚杰所说："当你教一个孩子一些东西时，你就永远剥夺了他自己发现它的机会。"教师设计科学探究活动时眼中有幼儿，把幼儿的思考和假设变成一段探究之旅。

2. 实施时追随儿童

教育学家第斯多惠曾说过："教学的艺术不在于传授的本领，而在于激励、唤醒、鼓舞。"开展浸润式科学启蒙教育的过程中，我们注重创设轻松和谐的气氛，唤起幼儿学习的热情，使幼儿精神焕发、思维活跃。活动中，当幼儿出现目光涣散、神情凝重的状态时，教师把它作为警示，就此调整自己的支持策略，用一个手势、一个眼神、一个微笑、一句话增加与幼儿的情感互动，使师幼之间产生强烈的情感共鸣，使活动的氛围既轻松又和谐。

3. 反思中生成课程

在儿童视角的引领下，教师逐渐放弃了按照计划实施到底的做法，而是随时随地观察幼儿，根据幼儿的反应和变化来对课程做出实时的调整，使课程生成的灵活性增强。当幼儿的学习兴趣和教师预期的发展目标相左时，教师以此为契机，就此转变预设的方案，追随幼儿的兴趣。当幼儿对某一种现象充满好奇时，教师鼓励幼儿反复探索、寻找答案。

第三节　家长进步：加入科学启蒙教育的同行队伍

科学启蒙课程让教师和家庭的关系更近了，提升了教师对家庭教育指导工作重要性的认识。教师适时地走进家庭进行现场指导，每次活动结束后进行总结和点评，让家长了解家庭科学启蒙教育中的优缺点，从而提高家长的指导能力。这一过程中，家长也提出了各自的困惑。当教师提出建设性意见时，家长获得了新的认知，开展活动时的目的性、科学性更强了。

在看到张江经典幼儿园幼儿家长资源优势的同时，我们也发现，许多家长不了解幼儿是怎样学科学的。他们怀着"望子成龙""望女成凤"的美好愿望，给孩子提供充足富裕的物质条件，但往往因为教育方法不当而陷入"误区"。通过课题研究，我们引导和帮助家长理解幼儿科学启蒙教育的含义、内容，并掌握科学的教育方法。

在课题研究中，家长参与科学启蒙活动的积极性不断高涨，由最初觉得"那是幼儿园的事"转变为关心、重视科学启蒙教育活动。他们不再对孩子的提问感到不耐烦，不再对孩子好奇心驱使下的探索行为进行训斥。他们开始注重身边的教育资源，注意把握教育契机。他们积极帮助幼儿收集、准备资料，还积极创设环境；在家里为孩子开辟了实验操作角，有的和孩子一起进行种植、饲养等活动；和孩子一起观察、制作、参观……"家庭科学启蒙小组"的活动也如火如荼地开展，家长的积极性、创造性被很好地激发出来，涌现出了许多组织能力强的家长。在家庭科学启蒙活动中，家长与教师之间更为熟悉了，家长更加支持、配合老师开展幼儿园的各项工作。课题研究推动家长逐渐成为教育者，使家园合作形成了强大合力，促进了孩子的身心发展，在此过程中家长的指导能力也得到了提升。

第四节　浸润式幼儿科学启蒙教育的未来展望

幼儿科学教育是一段旅程，我们将继续思考如何将科学教育的目标浸润在环境中，融入每一次互动中，始终让幼儿沉浸其中，充满好奇，积极主动，认真专注，不怕困难，敢于探究和尝试，乐于想象和创造；思考如何基于幼儿自发的探究兴趣将其引向富有教育意义的科学探究活动。我们也将综合分析当今国内外基础教育科学课程改革的新趋势、新特点，思考张江经典幼儿园科学教育未来的发展方向。

一、进一步优化儿童发展优先的浸润式科学启蒙教育环境

了解每一名幼儿是创设儿童发展优先的浸润式科学启蒙教育环境的前提。教师应该细心观察幼儿的探究过程，了解幼儿怎样与人、与物、与境互动，了解幼儿的兴趣、愿望，使有计划的环境创设能够与童心世界对接，使幼儿园成为幼儿乐玩乐学的探索乐园；应该创设平等相待的心理环境，密切关注幼儿所思所想；应该不断地问自己是否了解幼儿当下最需要的是什么。对于那些偏离教师指导路线的幼儿，要给予特殊指导，使全体幼儿达到同一发展水平。教师要关注每一个幼儿的自我成长和学习习惯，培养其"乐玩乐学乐创造，好奇好问好探究"的学习品质，把推动每一个幼儿的主动学习与发展落到实处，根据不同幼儿的发展特点来创设环境，确保每一个幼儿都能按照自己的节拍从容地生活。这是我们需要面对的重要课题。

二、继续完善师生共建浸润式科学启蒙教育内容与方式

浸润式科学启蒙教育从幼儿、教师两个层面同时推进。一是幼儿层面的学习活动。浸润式科学启蒙教育活动应由幼儿主导，教师通过观察决定是否干预以及何时干预，幼儿掌控学习过程，教师根据幼儿的需要支持幼儿的学习。二是教师层面的学习活动。教师根据幼儿已有经验和课程目标精心设计活动，引导幼儿实现预设的目标，在活动实施过程中对幼儿的想法和思考给予积极的回应，控制幼儿学习的方向和结果。以往研究表明，无论是教师主导的学习活动还是幼儿主导的学习活动，对幼儿和教师都有价值。在一日活动中，这两种活动相互兼容，取长补短，动态生成，最终达到基于问题导向，由问题引发探究主题，由探究主题建构班本化探索微项目，主题与活动追随幼儿动态生成，以此形成教与学双主体共建。

对标义务教育阶段《科学课程标准》的培养目标，我们将基于自然探索活动的特点和幼儿的年龄特点进行实践探索，创造条件让幼儿玩转各种想法、设想各种可能性，并动手将想法实现。

三、进一步着力提升教师的科学教育专业素养

浸润式幼儿科学启蒙教育具强大的生命力，同时挑战教师的专业发展，特别是"成就"的理念与"浸润"的实践。我们从活动设计、材料提供、师幼互动等层面开展研究，在挖掘地域资源，携手家庭、社区，打造浸润式教育环境，营造宽松的教育氛围等方面帮助教师积累了经验。随着对学科核心概念和跨学科核心概念的重视，教师的科学领域专业知识将受到前所未有的挑战，提升教师的科学教育专业素养将成为我们必须面对的课题。儿童、学科领域、教育教学是科学领域课程的三个重要支点，只有增进教师对儿童科学学习规律、科学观念及其核心概念的深度理解，提升其教育智慧和实践能力，才能使幼儿科学探究活动的主题和内容更有意义。因此，我们将继续着力提升教师的科学教育专业素养，建设一支"向善崇学有温度，勤勉感恩有

态度，学识扎实有深度"，具有"乐·思"特质（乐于倾听，乐于研究，乐于合作；求真求实，善于思考，勤于反思）的教师队伍。

　　总之，我们将继续秉持《纲要》《指南》等文件和方针倡导的理念，保持浸润式幼儿科学启蒙教育活动的体验性、探究性和生活化。在此基础上，未来张江经典幼儿园科学教育必将朝着更有价值、更生动有趣的方向发展，浸润式科学启蒙教育的目标将会更长远，价值将会更多元。